N° I

CATALOGUE

DE

MONNAIES & MÉDAILLES

ANCIENNES

DU MOYEN-AGE & MODERNES

EN VENTE AUX PRIX MARQUÉS

Chez J. FLORANGE, Expert

21, QUAI MALAQUAIS, 21

PARIS

La conservation des pièces est indiquée scrupuleusement.

Les prix sont nets.

Les envois aux frais des acheteurs et payables en un bon à vue sur Paris ou contre remboursement.

Pas de réponse aux demandes d'articles vendus.

Achat de monnaies et médailles de tous pays, tant anciennes que modernes.

Rédaction de catalogues. — Expertises.

Envois à vue aux amateurs qui en font la demande.

DEMANDES & OFFRES

J. FLORANGE, Quai Malaquais, 21, Paris

MUSSEY. — *Famille bourgeoise de Mussey*, par Jean Mussey, curé de Longvy. A Luxembourg, chez André Chevalier, imprimeur, 1706, in-fol., 50 pages. 50 à 100 fr.

Documents historiques et généalogiques sur la Lorraine (spécialement l'ancien département de la Moselle), sur le Luxembourg, la province rhénane et le Palatinat.

N° I

CATALOGUE

DE

MONNAIES & MÉDAILLES

ANCIENNES

DU MOYEN-AGE & MODERNES

EN VENTE AUX PRIX MARQUÉS

Chez J. FLORANGE, Expert

21, QUAI MALAQUAIS, 21

PARIS

MACON, PROTAT FRÈRES, IMPRIMEURS

MONNAIES & MÉDAILLES

ANCIENNES

DU MOYEN-AGE & MODERNES

MÉDAILLES GRECQUES

1 *Ægine.* Tortue. ℞. Carré. Brit. Mus. Attica 127. 10 var. (12 gr. 31.) *AB.* 18 fr.

2 — Tortue. ℞. Carré. Brit. Mus. Attica 129. 46 var. (2 gr. 90.) *AB.* 8 »

3 *Agrigente.* Aigle deb., à g. ℞. Crabe. Mionn. I. 262.26. (17 gr.) Tétradrachme. *B.* 60 »

4 — Aigle deb., à g. ℞. Crabe au dessus d'un grain d'orge. Mionn. I. 211. 22. (8 gr. 3.) Didrachme. *B.* 35 »

5 *Athènes.* Tête de Pallas, à dr. ℞. Chouette. Mionn. II. 113. 21. Tétradrachme. (17 gr.) *B.* 25 »

6 — Tête de Pallas, à dr. ℞. Chouette. (4 gr. 58.) *B.* 45 »

7 — Tête de Pallas, à dr. ℞. Chouette. Brit. Mus. Attica 9. 82 var. (2 gr. 1.) *TB.* 40 »

8 — Tête de Pallas, à dr. ℞. Chouette sur une amphore. Brit. Mus. Attica 43. 354. (3 gr. 55.) *B.* 30 »

9 — Tête de Pallas, à dr. ℞. Chouette sur une amphore. Brit. Mus. Attica 59. 429. (14 gr. 6.) *B.* 30 »

10 *Bruttium.* Tête de femme, à g. ℞. Jupiter deb., à dr. Mionn. I. 185. 817. Br., belle patine verte. *B.* 12 »

11 — Tête de femme, à g. ℞. Crabe. Brit. Mus. Italy 332. 106 var. Br., belle patine verte. *B.* 12 »

12 *Capoue*. Tête de Junon, à dr. ℞. Epi. Brit. Mus. Italy 83. 17. Br., avec belle patine verte. *B*. 20 »

13 *Corcyre*. Vache et veau. ℞. Carré creux divisé par deux jardins. Brit. Mus. Thess. 115. 1 var. (11 gr. 50.) *B*. 20 »

14 — Caracalla. ℞. Vaisseau à voile. Mionn. S. III. 449. 185. MB. *B*. 15 »

15 *Corinthe*. Pégase, à g. ℞. Tête de Pallas, à dr. dans un creux. Mionn. S. IV. 35. 190. (8 gr. 30.) *B*. 14 »

16 — Pégase, à dr. ℞. Dauphin, à dr. Mionn. II. 168. 143. Br., belle patine verte. *B*. 12 »

17 *Gelas*. Bœuf androcéphale. ℞. Cavalier. Mionn. I. 237. 233. (8 gr. 48.) Didrachme. *B*. 25 »

18 *Itanos*. Tête de Pallas, à g. ℞. Aigle deb., à g., regardant en arrière. Svoronos 206. 41. Mionn. II. 265. 214 var. (5 gr. 2.) *B*. 250 »

19 *Himera*. Coq deb., à g. ℞. Crabe. Mionn. I. 240. 261. (8. gr. 73.) Didrachme. *B*. 40 »

20 *Lete*. Satyre et femme. ℞. Carré creux. Mionn. S. III. 80. 492 var. (9 gr. 77.) *B*. 65 »

21 — Satyre à genoux, à dr. ℞. Carré creux. Mionn. III. 33. 11. (1 gr. 20.) *B*. 8 »

22 *Macédoine*. Bouclier. ℞. Proue de vaisseau. Brit. Mus. Maced. 10. 22. (2 gr. 08.) *TB*. 15 »

23 — Bouc. ℞. Carré creux. Brit. Mus. Maced. 38. 6. (0 gr. 78.) *B*. 6 »

24 — Philippe II. Tête d'Apollon, à dr. ℞. Bige, à dr. Mionn. I. S. 11. 34. (8 gr. 5.) Statère. AV. *TB*. 80 »

25 — Alexandre III. Tête de Pallas, à dr. ℞. Victoire. Muller 723. (8 gr. 55.) Statère. AV. *TB*. 100 »

26 — Alexandre III. Tête d'Hercule, à dr. ℞. Jupiter assis, à g. Muller 803. (17 gr. 2.) Tétradrachme. *B*. 28 »

27 — Alexandre III. Tête d'Hercule, à dr. ℞. Jupiter assis, à g. Muller 1531. Drachme. *TB*. 20 »

28 *Sicile*. Agathoclès. Tête de Pallas, à dr. ℞. Foudre ailé. Mionn. I. 322. 45. Brit. Mus. Staly 199. 418. (5 gr. 55.) AV. *TB*. 300 »

29 — Hiéronymus. Tête diadémée, à g. ℞. Foudre ailé. Mionn. I. 336. 87. Brit. Mus. Sicily 221. 640. (8 gr. 38.) Æ. *B.* 120 »

30 — Tête de femme, à g., entourée de dauphins. ℞. Quadrige, à g. Mionn. I. 296. 755. Brit. Mus. Sicily 348. 11. (17 gr. 15.) *B.* 40 »

31 *Syracuse.* Tête d'Hercule, à g. ℞. Tête de femme, à g., dans un carré creux. Mionn. I. 289. 688. Brit. Mus. Sicily 163. 134. (1 gr. 15.) Æ. *TB.* 60 »

32 *Terina.* Tête de femme, à dr. ℞. Victoire assise, à g. Mionn. S. I. 352. 1081. (2 gr. 15.) *AB.* 10 »

33 *Thasos.* Tête de bacchante, à dr. ℞. Hercule deb., à g. Mionn. 5. 435. 34. (16 gr. 75.) Tétradrachme. *B.* 12 »

34 *Thèbes.* Bouclier. ℞. Carré creux. Mionn. II. 100. 7. (11 gr. 32.) *B.* 25 »

35 — Bouclier. ℞. Amphore. Brit. Mus. Centr. Gr. 83. 154. (12 gr. 55.) *TB.* 15 »

36 *Thrace.* Lysimaque. Tête diadémée et cornue, à dr. ℞. Pallas assise, à g. Mionn. I. 439. 18. (8 gr. 2.) Statère. Æ. *TB.* 60 »

37 — Tête diadémée et cornue, à dr. ℞. Pallas assise, à g. Mionn. I. 444. 91. (16 gr. 55.) Tétradrachme. *B.* 45 »

38 *Velia.* Tête de femme, à dr. ℞. Chouette sur une branche d'olivier. Mionn. I. 173. 703. (3 gr. 81.) *B.* 8 »

39 — Tête de femme, à dr. ℞. Chouette. Mionn. S. I. 328. 902. Br., belle patine verte. 5 »

MÉDAILLES ROMAINES

a. CONSULAIRES

40 *Aburia.* ℞. Le soleil dans un quadrige. Bab. 6. Æ. *TB.* 5 »

41 *Aelia.* ℞. Les Dioscures galopant, à dr. — 3. Æ. *B.* 4 »

42 *Annia.* ℞. Quadrige, à dr. — 3. Æ. *TB.* 7 »

43 *Antestia.* ℞. Quadrige, à dr. — 9. Æ. *B.* 2 »

44 *Antia.* Hercule. Avec contremarque. — 2. Æ. *B.* 8 »

45 *Antonia*. ℞. Quadrige, à dr. Bab. 1. Æ. *TB*. 4 »
46 *Appuleia*. ℞. Quadrige, à dr. — 1. Æ. *B*. 2 »
47 *Cassia*. Tête de la Liberté, à dr.
℞. Acrostolium. — 20. AV. *B*. 300 »
48 *Furia*. Chaise curule. — 23. Æ. *B*. 5 »
49 *Opimia*. Bige, à dr. — 16. Æ. *B*. 2 50
50 *Papia*. Griffon. — 1. Æ. *TB*. 3 »
51 — Louve et aigle. — 3. Æ. *B*. 5 »
52 *Papiria*. Quadrige, à dr. — 6. Æ. *B*. 1 50
53 *Petillia*. Temple. — 3. Æ. *B*. 5 50
54 *Vetturia*. Deux guerriers et le sacerdos
tenant le porc. — 1. Æ. *B*. 5 »

b. IMPÉRIALES

55 *Antoine et Octavie*. ℞. Galère. Coh. 12. MB. *MC*. 35 »
56 *Auguste*. ℞. Autel. Coh. 33. Æ. Méd. *TB*. 50 »
57 — ℞. Foudre ailé (Restit. de Tibère). Coh. 249.
MB., patine verte. *B*. 4 »
58 — (Antestia). ℞. Instruments de sacrifice. Coh.
347. Æ. *B*. 15 »
59 — (Messinia). ℞. Mars. Coh. 463. Æ. *B*. 28 »
60 — (Petronia). ℞. Parthe, à g. Coh. 485. Æ. avec
contremarque. *B*. 10 »
61 — ℞. S. C. dans le champ (Restit. de Nerva). Coh.
570. GB., belle patine verte, avers *B*., revers *MC*. 10 »
62 *Antonia*. ℞. Deux flambeaux allumés. Coh. 4. AV. *B*. 160 »
63 *Claude et Aggrippine jeune*. Tête de chaque côté.
Coh. 3. AV. *TB*. 150 »
63 *bis Tibère*. ℞. Livie assise, à dr. Coh. 15. AV. *AB*. 60 »
64 — ℞. Livie assise, à g. Coh. 17. MB., patine verte.
AB. 4 »
65 *Néron*. Tête des deux côtés. Coh. 116. MB. *AB*. 16 »
66 *Galba*. Buste de l'Espagne, à dr. ℞. Galba à cheval,
à dr. Coh. 76. Æ. *AB*. 45 »
67 — ℞. S. P. Q. R. OB. C. S. dans une couronne.
Coh. 286. AV. *TB*. 200 »

68 *Othon*. ℞. La Sécurité deb., à g. Coh. 15. Æ. *B*. 10 »
69 *Vitellius*. La Liberté deb., à dr. Coh. 47. Æ. *TB*. 13 »
70 *Vespasien*. ℞. L'Equité deb., à g. Coh. 8 var. MB. *AB*. 7 »
71 — ℞. Simpule, aspersoir, vase et bâton. Coh. 43. Æ. *B*. 4 »
72 — ℞. Victoire march. à dr. Coh. 124. Æ. *B*. 25 »
73 — ℞. Femme assise, à g. Coh. 27. AV. *TB*. 100 »
74 — ℞. Vespasien couronné par la Victoire. Coh. 131. AV. *B*. 65 »
75 — ℞. La Paix assise, à g. Coh. 319. AV. *B*. 60 »
76 — ℞. L'empereur assis, à dr. Coh. 387. Æ. *TB*. 6 »
77 — ℞. Titus et Vespasien assis, à g. Coh. 541. Æ. *B*. 15 »
78 — ℞. Capricorne. Coh. 554. Æ. *TB*. 6 »
79 — ℞. Vesta assise, à g. Coh. 563 var. Æ. *B*. 3 »
80 *Titus*. ℞. Juif à genoux portant un trophée. Coh. 334. Æ. *B*. 8 »
81 *Domitien*. ℞. Esclave germaine assise, à dr. Coh. 148. AV. *TB*. 80 »
82 *Domitia*. ℞. Paon, à dr. Coh. 2. Æ. *TB*. 100 »
83 *Nerva*. ℞. Simpule, aspersoir, etc. Coh. 51. Æ. *B*. 3 50
84 *Trajan*. ℞. Edifice. Coh. 167 var. AV. *B*. 100 »
85 — ℞. Buste radié du Soleil. Coh. 189. Æ. *B*. 7 »
86 — ℞. La Fortune assise, à g. Coh. 639. MB. *TB*. 10 »
87 *Adrien*. ℞. Le Nil couché. Coh. 99. MB. *B*. 5 »
88 — ℞. La Victoire volant, à dr. Coh. 1131. Æ. *TB*. 7 »
89 — ℞. Diane deb., à g. Coh. 1364. GB. *MC*. 1 50
90 — ℞. L'empereur sacrifiant, à g. Coh. 1481. Æ. *B*. 5 »
91 *Sabine*. ℞. Vesta assise, à g. Coh. 81. Æ. *B*. 2 »
92 *Aelius*. ℞. La Pannonie deb., à g. Coh. 25. MB. *TB*. 15 »
93 — ℞. La Piété deb., à dr., devant, un autel. Coh. 42. AV. *TB*. 200 »
94 *Antonin*. ℞. Antonin assis sur une estrade, etc. Coh. 485. AV. *TB*. 120 »
95 — ℞. Rome assise, à g. Coh. 937. AV. *TB*. 80 »

96 *Faustine mère.* ℞. Femme deb., à g. Coh. 38. MB., belle patine verte. *B.* 25 »
97 — ℞. Vesta deb., à g. Coh. 164. MB. *AB.* 4 »
98 *Marc Aurèle.* ℞. Apollon deb., à g., tenant une patère et une lyre. Coh. 724. AV. *FDC.* 100 »
99 — ℞. La Valeur deb., à dr. Coh. 745. AV. *TB.* 95 »
100 — ℞. La Victoire march., à g. Coh. 894. AV. *TB.* 60 »
101 — ℞. La Victoire march., à g. Coh. 903. AV. *TB.* 100 »
102 *Faustine jeune.* ℞. L'impératrice deb., à dr. Coh. 100. GB., très belle patine. 35 »
103 — ℞. La Pudeur deb., à g. Coh. 179. MB. *AB.* 2 »
104 *Lucius Verus.* Surmoulage en bronze de l'avers du coin de Padouan. Comp. Coh. 66. 38 millimètres. *TB.* 20 »
105 *Lucille.* ℞. Vénus deb., à g., tenant une pomme et un sceptre. Coh. 69. AV. *FDC.* 150 »
106 *Commode.* ℞ La Concorde march., à g. Coh. 43. AR. *AB.* 15 »
107 *Crispine.* ℞. Autel. Coh. 15. AR. *B.* 11 »
108 *Albin.* ℞. Deux mains jointes, tenant un aigle légionnaire. Coh. 22. AR. *TB.* 25 »
109 — ℞. La Fortune assise, à g. Coh. 32 var. GB. *B.* 15 »
110 *Septime Sévère.* ℞. Apollon deb., à g., tenant une patère et une lyre. Coh. 44. MB. *AB.* 9 »
111 — ℞. Jupiter deb., à g., tenant un foudre et un sceptre ; à ses pieds un aigle. Coh. 468. AV. *TB.* 230 »
112 *Julie Domne.* ℞. Cérès assise, à g. Coh. 14. AR. *TB.* 5 »
113 — ℞. Vénus assise, à g. Coh. 212 var. MB. *AB.* 6 »
114 *Macrin.* ℞. L'Abondance deb., à g. Coh. 47. AR., un peu usé. 3 50
115 — ℞. La Sécurité deb., à g. Coh. 122. AR. *TB.* 10 »
116 *Elagabale.* ℞. La Victoire courant, à dr. Coh. 288. AV. *TB.* 180 »
117 *Alexandre Sévère.* ℞. L'Abondance deb., à g. Coh. 36. GB. *B.* 3 50
118 *Alexandre Sévère et Mamée.* Denier aux bustes. Coh. 12 var. Plomb moderne. *TB.* 3 »

119 *Mamée*. ℞. La Félicité deb. Coh. 17. Æ. *B*. 2 50

120 — ℞. Junon assise, à g. Coh. 32. Æ. *B*. 2 »

121 — Vénus deb., à dr. Coh. 63. MB. *AB*. 1 »

122 *Maxime*. ℞. Instruments de sacrifice. Coh. 1. Æ. *B*. 20 »

123 *Balbin*. ℞. La Victoire deb., de face. Coh. 27. Æ. *B*. 10 »

124 *Gordien le Pieux*. ℞. Le Soleil deb., de face, tenant un globe et levant le bras droit. Coh. 37. AV. *B*. 80 »

125 — La Joie deb., à g. Coh. 285. GB., belle patine verte. 5 »

126 — ℞. Gordien à cheval, à g. Coh. 234. Æ. *TB*. 6 »

127 — ℞. Mars courant, à dr. Coh. 281. GB. *B*. 3 »

128 — ℞. La Sécurité deb., à g. Coh. 329. GB. *B*. 3 »

129 — ℞. La Victoire march., à g. Coh. 358. GB. *B*. 3 »

130 — ℞. Hercule deb., à dr. Coh. 406. MB. *AB*. 13 »

131 *Philippe père*. —. L'Empereur à cheval, à g. Coh. 6. GB. *B*. 18 »

132 — ℞. Cippe. Coh. 195. GB. *B*. 5 »

133 *Philippe fils*. ℞. Philippe père et son fils assis, à g. Coh. 17. Æ. *B*. 5 »

134 — ℞. Philippe père et son fils assis, à g. Coh. 18. GB., belle patine verte foncée. *TB*. 12 »

135 — La Paix deb., à g. Coh. 23. Æ. *TB*. 2 »

136 — Philippe deb., à g. Coh. 48. Æ. *B*. 1 »

137 — Philippe deb., à g. Coh. 49. GB., patine verte. *B*. 5 »

138 — Cippe. Coh. 79. MB., patine verte. *B*. 4 »

139 *Hérennius*. Mercure deb., à g. Coh. 12. GB. *B*. 38 »

140 *Aurélien*. ℞. La Victoire march., à g. Coh. 255. PB. *TB*. 5 »

142 *Sévérine*. ℞. Junon deb., à g. Coh. 9. MB., patine verte. *B*. 8 »

143 — ℞. Vénus deb., à g., regardant à droite. Coh. 14 var. PB. *B*. 2 50

144 *Probus*. ℞. La Sécurité assise, à g. Coh. 629. AV. *B*. 150 »

145 *Carin*. ℞. La Victoire deb., à g., sur un globe. Coh. 139. AV. *TB*. 190 »

146 *Dioclétien*. ℞. Trois Fortunes debout, l'une à côté de l'autre. Coh. 58. AV. *B*. 350 »

147 — ℞. Le Génie du peuple romain deb., à g. MB. *TB*. 2 »

148 *Maximien-Hercule*. ℞. L'empereur en toge deb., à g.; à l'exergue, SMAZ. Coh. 80. AV. *B*. 140 »

149 — ℞. La Providence deb., à dr., en face d'une femme. Coh. 491. MB. *B*. 3 »

150 *Allectus*. ℞. Galère. Coh. 81. PB. *B*. 10 »

151 *Constance-Chlore*. ℞. Le Génie deb., à g. Coh. 72. MB. *TB*. 2 50

152 — Autel. Coh. 184. PBQ. *AB*. 2 »

153 — La Providence deb., à g. Coh. 237. PB. *TB*. 2 »

154 — La Providence assise, à g. Coh. 238. PB. *TB*. 2 »

155 — L'empereur voilé assis, à g. Coh. 253. PBQ. *AB*. 5 »

156 — Buste, à g. ℞. Quatre soldats sacrifiant dev. la porte d'un camp. Coh. 287 var. Æ. *B*. 10 »

157 *Galère-Maximien*. ℞. Quatre soldats sacrifiant dev. la porte d'un camp. Coh. 216. Æ. *B*. 12 »

158 *Valérie*. Vénus deb., à g. Coh. 13. MB. *TB*. 15 »

159 *Romulus*. Temple. Coh. 1. MB. *AB*. 15 »

160 *Constantin le Grand*. ℞. VIRTVS AVGVSTIN. L'empereur galopant, à dr., lançant un javelot contre son ennemi à genoux; à l'exergue, PTR. Coh. 682. AV. *TB*. 200 »

161 *Constant I*. ℞. La Victoire assise, à dr. 130 var. Bord martelé. MC. Br. Méd. 10 »

162 — La Victoire march., à g.; à l'exergue, SIS et un croissant pointé. Coh. 137. Æ. *FDC*. 40 »

163 — ℞. La Victoire march., à g.; à l'exergue, TR. Coh. 152. Æ. *TB*. 38 »

164 *Constance II*. ℞. Soldat deb., à dr.; à l'exergue, TES. Coh. 326. Æ. M. *TB*. 70 »

165 — ℞. VOTIS XXV, etc., dans une couronne; à l'exergue, ANT. Coh. 340. Æ. *TB*. 10 »

166 *Constance Galle.* ℞. GLORIA REIPVBLICAE. Rome et Constantinople tenant un bouclier sur lequel on lit : VOTIS V ; à l'exergue, SMNC. Coh. 8. *AV.* *FDC.* 250 »
167 *Julien l'Apostat.* ℞. Le bœuf Apis. Coh. 9. MB. *B.* 5 »
168 — ℞. VOTIS V, etc., dans une couronne. Coh. 35. Æ. *TB.* 6 »
169 — ℞. Harpocrate nu deb., à g. Coh. 94. PB., avec belle patine verte. 20 »
170 *Valens.* ℞. L'empereur deb., de face ; à l'exergue, ANTI. Coh. 31. AV. *TB.* 25 »
171 — ℞. Rome assise, à g. ; à l'exergue, TRPS. Coh. 62. Æ. *B.* 4 »
172 — ℞. VOT. X, etc., dans une couronne ; à l'exergue, ANT. Coh. 57. Æ. *B.* 10 »
172 *bis Gratien.* ℞. VOTIS V, etc., dans une couronne ; à l'exergue, S.M.L.A.P. Coh. 10. ÆM. *B.* 70 »
172 *ter* — ℞. VICTORIA AVGG. Les deux empereurs assis, de face ; à l'exergue, TROBS. Coh. 24. AV. *B.* 50 »
173 *Théodose I.* ℞. La Victoire march., à dr. ; à l'exergue, CONOB. Coh. 4 var. AV., triens. *FDC.* 12 »
174 *Magnus Maximus.* ℞. La Valeur assise, de face ; à l'exergue, TRPS. Coh. 12. Æ. *TB.* 12 »
175 *Flavius Victor.* ℞. La Valeur assise, de face ; à l'exergue, MDPS. Coh. 5. Æ. *TB.* 20 »
176 *Honorius.* ℞. L'empereur deb., à dr., etc. Coh. 21. AV. *TB.* 20 »
177 — ℞. La Valeur assise de face ; exergue, MDPS. Coh. 32. Æ. *B.* 4 »
178 *Libius Sévère.* ℞. La Victoire deb., à g. AV., triens. *AB.* 12 »
179 — ℞. L'empereur, de face, etc. Coh. 6. AV. *AB.* Trou rebouché. 20 »
180 *Justinien I.* La Victoire deb., à g. Coh. 3. AV. *B.* 16 »
181 — ℞. La Victoire march., à dr. AV., triens. *TB.* 10 »
182 *Tibère II.* ℞. Croix. AV., triens. *B.* 10 »

MONNAIES GAULOISES, MÉROVINGIENNES
et imitations barbares.

183 *Marseille*. Imitation barbare. Tête de Diane et lion. Æ. *B.* 2 50
184 — Imitation barbare. Tête d'Apollon et croix. Æ. *TB.* 2 »
185 *Morini*. Monnaie concave au cheval. Lelewel IV. 12. AV. (4 gr.) *B.* 28 »
186 *Pannonie*. Imitation barbare de Larissa. Tête d'Apollon de face. ℞. Cavalier, à g. Rare. Æ. (14 gr.) *B.* 26 »
187 — Imitation de Macédoine. Tête d'Hercule, à dr. ℞. Jupiter assis, à g. Æ. (2 gr.) *AB.* 5 »
188 — Imitation de Macédoine. Tête de Jupiter (?), à dr. ℞. Cavalier. Æ. *B.* 8 »
189 — Imitation de Macédoine. Tête laurée, à dr. ℞. Cheval. Style très barbare. Æ. *B.* 18 »
190 — Imitation du statère de Lysimaque de Thrace. Mionn. I. 439. 20. AV. (8 gr. 2.) *B.* 60 »
191 — Imitation du tétradrachme de Thasos. Æ. *AB.* 8 »
192 *Séquanes*. TOG. Buste casqué, à dr. ℞. TOG. Lion, à dr. Comp. Mionn. 1. 95. 195. Potin. *B.* 2 50
193 Imitation barbare du denier d'Octave-Auguste. Comp. Coh. 43. Br. *B.*, mais brisée. 10 »
194 Imitation barbare du denier de Julien l'Apostat. ℞. OXMVIT XX dans une couronne. Comp. Coh. 35. Æ. *TB.* 20 »
195 Imitation barbare (franque?) d'un petit bronze d'Anthemius (?). Tête laurée, à dr. ℞. Victoire deb., à g., tenant un sceptre transversal et appuyée sur un bouclier. *B.* 15 »
196 Imitation analogue. Buste lauré, à g. ℞. Deux soldats casqués deb., appuyés chacun sur une haste et un bouclier; entre eux, un étendard. *B.* 18 »

197 Imitation barbare du sou d'or de Justinien I. Comp. Coh. 3. AV. *TB.* 50 »

198 Imitation visigothe du tiers de sou de Justinien ƆLAVSTIBIANEC. Buste, à dr. ℞. VICTORIIA VCC. La Victoire march., à dr. ; à l'exergue, .NI. AV. *TB.* 35 »

199 *Dorestadt.* Triens. Cat. Quélen. 2516. AV., pâle. *AB.* 20 »

200 *Moutiers.* Triens. Cat. Amécourt. 306. AV. *B.* 35 »

201 *Souille* (Sarthe). Triens. SVVLIV. Tête, à dr. ℞. ALETVPVO. Croix. AV. *B.* 30 »

202 *Strasbourg* (Alsace). Triens. Engel et Lehr, XXX. 3. AV., pâle. *B.* 30 »

203 Indéterminé. Triens. Buste, à dr. ℞. Croix. AV. *AB.* 15 »

EMPEREURS, ROIS, etc.

ALLEMAGNE-AUTRICHE

204 *Charles-Quint.* Florin s. d., frappé à Anvers. *B.* 15 »

205 *Rodolphe II.* Méd. s. d. L'empereur à cheval, à dr., dirigé par un Génie ailé. ℞. L'empereur assis sur son trône, présidant un conseil de justice. Herrg., t. II, pl. XIII, fig. 24 var. Bronze, 79 millim. *B.* 120 »

206 *Mathias II.* Ducat 1617, p. l'Autriche. *B.* 16 »

207 *Ferdinand III.* Ecu 1654, p. la Carinthie. Sch. 339. *FDC.* 11 »

208 *Léopold I.* Ecu 1696, p. l'Autriche. Sch. 389. *B.* 8 »

209 — Méd. de G. Hautsch, 1697. Défaite des Turcs. Br. doré. *TB.* 3 »

210 *Charles VI.* Méd. de Muller, 1711. Son couronnement à Francfort. C. Well. 7523. (6 gr.) *TB.* 2 50

211 — Ecu 1716, p. la Silésie. Sch. 435 et 436 var. *TB.* à 9 »

212 — Ecu 1717. Sch. 432 var. *FDC.* 11 »

213 — Méd. 1723. Grossesse de l'Impératrice. ℞. Vue de Prague. C. Well. 7672. Br. doré, percé d'un petit trou. *B.* 4 »

214 — Méd. de D. S. Dockler, 1737. Paix avec la France. (15 gr.) *B.* 10 »

215 *Marie-Thérèse.* Quart de ducat 1743, p. la Transylvanie. *TB.* 6 »

216 Ducat 1765, p. la Hongrie, 1763 et 1779, p. l'Autriche. *TB.* à 19 »

217 — Jeton d'Oexlein s. d. Naissance de l'archiduc Léopold, 1747. Méd. de Marie-Thérèse 83. (3 gr. 5). *TB.* 2 50

218 — Le même jeton en bronze. *TB.* 5 »

219 — Huitième de ducaton 1753, p. le Brabant. *B.* 1 50

220 — Ecu 1780, p. la Hongrie. *B.* 7 »

221 — Demi-écu 1779, p. la Hongrie. *AB.* 3 »

222 *François I* (ci-devant François III, duc de Lorraine). Méd. de Nic. van Swinderen, graveur à la Haye, 1745. Son élection. Méd. de Marie-Thérèse 61. Rare. (48 gr.) Un peu retouchée. *B.* 30 »

223 — Jeton 1745. Son couronnement. Méd. de Marie-Thérèse 56. (4 gr.) *TB.* 2 50

224 — Pièces de 20 kreutzer 1765 (BG-EVMD), de 16 kreutzer 1762 (FR) et de 6 kreutzer 1747 (HA). 3 pièces. *B.* et *TB.* à 2 »

225 — Quart de kreutzer 1746. Pièce uniface. Rare. *TB.* 8 »

Voyez nos 575 et 576.

226 — *Joseph II.* Ecu 1785, p. la Hongrie. Sch. 2565. *TB.* 9 »

227 *Léopold II.* Méd. de Wideman, s. d. Méd. de Marie-Thérèse, no 87. Br. 46 millim. *B.* 4 »

228 — Demi-écu 1791, p. le Brabant. *TB.* 4 »

229 *Ferdinand I.* Quatre ducats 1844. AV. *TB.* 60 »

Voyez nos 513 à 522, 525.

ANGLETERRE

230 — *Henri V.* Salut d'or. *B.* 20 »
231 *Jacques I.* Crown de 1688. *B.* 11 »
232 — Pièce en or s. d. Réunion de l'Ecosse à l'Angleterre. Trois quarts de ducat. Koehler 422 var. *M.* 10 »
233 *Guillaume III.* Crown 1695. *B.* 8 »
234 *Georges III.* 1760-1820. Demi-ducat 1762. *B.* 8 »
235 — Schilling 1786. *FDC.* 2 »
236 — Dollar de la banque 1804. Sch. 1283. *TB.* 7 »
237 — 1 sch. 6 pièces. 1811. Banktoken. *TB.* 3 »

BAVIÈRE

238 *Louis I.* Ecu 1828. La reine entourée de ses huit enfants. Sch. 639. *B.* 8 »
239 *Maximilien II.* Double-florin 1855. Patrona bavariae. *TB.* 6 »
240 — *Louis II.* Méd. de Sebald, 1867. Ses fiançailles avec sa cousine, Sophie-Charlotte-Auguste, duchesse de Bavière, présentement la femme du prince d'Alençon. Très rare. (29 gr.) *FDC.* 60 »

BELGIQUE

241 *Léopold II.* Pièces de 10, 5, 2 et 1 centimes de 1888 p. le Congo. Cuiv. *B.* 2 75
242 — Méd. de L. Wiener. Le prince prête serment à la Constitution, 1853. Br. *TB.* 5 »

DANEMARK

243 *Chrétien IV.* 8 schilling 1608. *AB.* 1 50
244 — 1 marc 1617. 2 var. *AB.* à 4 »
245 — Couronne 1620. Sch. 1039 var. *B.* 8 »
246 — Demi-couronne 1625. Sch. 1050. *B.* 7 »

247 — Demi-couronne 1644 et 1645. Sch. 1054. 2 var. *AB.* à 3 »
248 *Frédéric III.* Couronne 1652, 55 et 57. Sch. 1060. 3 pièces. *B.* à 6 »
249 — Demi-couronne 1655, 1667 et 1668. 3 pièces. *B.* à 2 50
250 — Demi-couronne 1666, au buste. *AB.* 4 »
251 — 16 schilling 1651 et 1661. 2 pièces. *B.* à 1 50
252 *Chrétien V.* Ducat s. d. Le roi à cheval. Piéfort. *TB.* 17 »
253 Ducat 1691. Monogramme et armoiries. *TB.* 25 »
254 Ducat 1699. Christiansborg. *TB.* 30 »
255 8 marc 1675. Le roi à cheval. Sch. 1093. *B.* 16 » *AB.* 14 »
256 — 4 marc 1681. Sch. 1097. *B.* 5 »
257 — 1 marc 1691. *B.* 1 25
258 — Couronne 1694 et 1695. Sch. 1105. 2 pièces. *B.* à 6 »
259 — Couronne 1694, au buste. Sch. 1107. *TB.* 6 »
260 *Frédéric IV.* Ducat à 2 rixdaler 1715. *TB.* 20 »
261 — Ducat 1726. *TB.* 20 »
262 — 3 marc 1700. Sch. 1113. *B.* 5 »
263 — 16 schilling 1714. *AB.* 1 »
264 — 4 marc 1723. Le roi à cheval. Sch. 1117. *B.* 7 »
265 — Ecu 1725. Mines. Sch. 1118. 2 var. *B.* à 7 »
266 *Chrétien VI.* Ducat 1730. Christiansborg. *TB.* 22 »
267 — Ducat 1738. Christiansborg. *TB.* 25 »
268 — 4 marc 1731. Sch. 1120. *TB.* 7 »
269 *Frédéric V.* Ducat 1747. Christiansborg. *TB.* 25 »
270 — Ducat à 12 marc 1757 et 1758, à la tête casquée. *B.* 13 » *TB.* 16 »
271 — Ducat à 12 marc 1759, 1760, 1761 et 1762. 4 pièces. *TB.* à 15 »
272 — Ducat à 12 marc 1757 et 1763, au monogramme. 2 pièces. *TB.* à 20 »
273 — Ducat 1758. Eden Ezer. *B.* 25 »
274 *Chrétien VII.* Ducat à 12 marc 1782 et 1783. 2 pièces. *TB.* à 15 »
275 — Ducat 1791 et 1792, à l'homme sauvage. 2 pièces. *TB.* à 25 »

276 *Frédéric VI.* Sixième de rixdaler 1808. *TB.* 1 »

ESPAGNE

277 *Charles III.* Pièce en or 1783. Tiers de ducat. *TB.* 5 »
278 *Charles IV.* Ecu à 8 reaux 1807, avec contremarque brésilienne. *B.* 9 »
279 *Alphonse XII.* Méd. militaire. Br. argenté. *TB.* 3 50
Voyez nos 378 et 644.

FRANCE

280 *Clotaire*, fils de Clovis. Méd. de série (XVIe siècle). (33 gr.) Doré. *B.* 80 »
281 *Charlemagne.* Mayence. Denier. Gariel 82 var. *B.* 170 »
282 — Mayence. Denier au monogramme. Gariel 206 var. *TB.* 75 »
283 — Melle. Denier. Gariel 209. *FDC.* 5 » *B.* 4 »
284 *Pépin I d'Aquitaine.* Obole avec AQVI-TAINA. Gariel 2 var. *B.*, avec petite échancrure. 20 »
285 *Louis I le Débonnaire.* Arles. Denier. Gariel 22. *B.* 95 »
286 — Toulouse. Denier. H LVDOWCVS MP. Gariel 125 var. *AB.* 20 »
287 *Charles le Chauve.* Chartres. Denier. Gariel 73. *TB.* 12 »
288 — Le Mans. Denier. Gariel 129. *FDC.* 8 » *B.* 6 »
289 — Melle. Obole. Gariel 77. *TB.* 15 »
290 — Metz. Denier. Gariel 149. *MC.* 50 »
291 — Orléans. Denier. Gariel 164. *TB.* 4 »
292 — Paris. Denier. Gariel 182. *TB.* 28 »
293 — Rouen. Denier. Gariel 207. *TB.* 25 »
294 — Saosnes. Denier. Gariel 94. *TB.* 6 »
295 — Tours. Denier. Gariel 267. *B.* troué. 3 »
296 *Eudes.* Blois. Denier. Gariel 9. *FDC.* 6 »
297 *Lothaire.* Bourges. Denier. Gariel 9. *TB.* 5 »
298 — Bourges. Denier. + LOERIVSRX. Croix. ℟. BITVRIGES CIVIT. Temple. *TB.* 10 »

299 *Louis VI.* Orléans. Denier. Hoffm. 8. *M.* 2 »
300 — Bourges. Hoffm. 4. *B.* 10 »
301 *Epoque de Philippe IV.* Jeton de la Chambre des monnaies. Even, fig. 8. Rouyer et Hucher, fig. 21. Cuiv. 2 var. *B.* à 6 »
302 *Charles VI.* Ecu d'or à la couronne. Hoffm. 1. *TB.* 25 »
303 *Epoque de Charles VI.* Jeton de la Chambre des monnaies. Rouyer et Hucher, fig. 26. *B.* 16 »
304 *Henri VI d'Angleterre.* Salut d'or. Hoffm. 3. *B.* 20 »
305 *Charles VIII.* Ecu d'or au soleil. Hoffm. 2. *B.* 18 »
306 *Louis XII.* Ducaton frappé à Milan. Hoffm. 88. *TB.* 190 »
307 *François I.* Ecu d'or. Hoffm. 1. *B.* 22 »
308 — Ecu d'or. Hoffm. 4. *B.* 19 »
309 — Ecu d'or frappé à Milan. Hoffm. 132. *B.* 80 »
310 — Teston frappé à Milan. Hoffm. 135. *TB.* 165 »
311 — Demi-teston s. d. Paris. Hoffm. 43. *B.* 20 »
312 — Teston. Paris. Hoffm. 59. *AB.* 7 »
313 — Double tournois du Dauphiné. Hoffm. 111. Un peu usé. 1 »
314 *Henri II.* Teston d'essai au balancier. Hoffm. 46. *B.* 130 »
315 Jeton de la Chambre des monnaies. Cuiv. *B.* 12 »
316 Teston 1553 fr. au moulin de Paris. Hoffm. 40. *B.* 25 »
317 — Gros de Nesle. Hoffm. 70. *B.* 2 »
318 *Charles IX.* Teston 1562. Toulouse. Hoffm. 10. *B.* 5 »
319 *Charles IX et Henri III*, roi de Pologne. Méd. 1573. « Concordes sentit radios. » Trésor de num. et de glypt. XXI.I. Racz. I. 177, 40. Cat. Well. 11002 (19 gr.) Trace de bélière. *B.* 60 »
320 *Henri III.* Franc 1586. Toulouse. Hoffm. 20. *B.* 6 »
321 — Demi-franc 1578. La Rochelle. Hoffm. 23. *B.* 4 »
322 — Franc 1576. Hoffm. 25. Usé. 4 »
323 *Charles X.* Quart d'écu 1590 et 1592. Paris. Hoffm. 8. *B.* à 4 »
324 *Henri IV.* Méd. (demi-écu de Châlons) 1591. Monnayers. (15 gr.) Doré. *B.* 50 »
325 — Variété de la pièce précédente. Even, le Jetonophile, fig. 10. (21 gr. 5). Douteux. *TB.* 40 »

326 — Jeton 1593. Abjuration du roi de la religion réformée. Fabric. hollandaise. Van Loon, I, p. 432. (6 gr.) *TB.* 12 »

327 — Méd. de Dupré, 1602. Buste à dr. ORITVR·ET. LACTE·VIRESCIT. Marie de Médicis en Junon debout, en face de l'Abondance couchée. Trésor de num. et de glypt. II. 1. (47 gr.) *TB.* 150 »

328 — Quart d'écu 1602, 1605, 1606, 1609 du Béarn et Navarre. Hoffm. 32. *B.* à 5 »

329 — Piéfort du franc 1607. Hoff. 49. *TB.* 400 »

330 — Piéfort du demi-franc 1607. Hoffm. 51. *TB.* 200 »

331 *Marie de Médicis.* Méd. de Dupré, 1610. ℞. « Seculi faelicitas ». Couronne royale traversée par trois branches. Trésor de num. et de glypt. XXXV. 1. (29 gr.) *TB.* 150 »

332 — Même pièce en forme de jeton. (6 gr.). C. Well. 580. *TB.* 50 »

333 — Grand médaillon de Dupré, 1624, au buste de la reine. Trésor de num. et de glypt. VII. 2. Br. uniface. 100 millim. *TB.* 400 »

334 *Louis XIII.* Méd. de Dupré, 1613. ℞. La régente en Junon assise sur un arc-en-ciel. Trésor de num. et de glypt. V. 2. Br. 51 millim. Piquée. *AB.* 50 »

335 — Quart d'écu 1614, du Béarn et Navarre. Hoffm. 47. Usé. 3 »

335 *bis* — Demi-franc à la collerette, 1617. Aix. Hoffm. 72. *B.* 6 »

336 — Jeton 1622 exécuté probablement par N. Briot. Ecus couronnés de France et de Navarre ; dessous, la vache de Béarn. ℞. Couronne dans un enclos. (5 gr.) *TB.* 32 »

337 — Piéfort du Louis d'argent de 5 sols 1643. Hoffm. 102. *B.* 120 »

337 *bis* — Louis d'argent de 30 sols, 1643. Paris. Hoffm. 94. *TB.* 5 »

337 *ter* — Quart d'écu, 1643. Toulouse. Hoffm. 30. *B.* 4 »

338 *Louis XIII et le cardinal de Richelieu.* Méd. de A. Dupré, 1641. Trésor de num. et de glypt. VII. 3. Br. 43 millim. *TB.* 70 »

339 *Anne d'Autriche.* Jeton 1636. Trophée. (5 gr.) *B.* 15 »

340 *Anne d'Autriche et Louis XIV.* Méd. de Warin, s. d. (1643 ?). Trésor de num. et de glypt. XXIII. 3. 29 millim. Br. *TB.* 25 »

341 *Louis XIV.* Jeton de J. Dollin. Paris, 1643. Cuiv. *TB.* 2 50

341 *bis.* — Ecu blanc 1643. Paris. Hoffm. 55. *TB.* 10 »

342 — Quart d'écu 1644. Villefranche. Hoffm. 44. *B.* 4 »

343 — Quart de l'écu blanc 1643 et 1644. Paris. Hoffm. 61. *B.* à 2 50

342 *bis.* — Ecu blanc 1648. Poitiers. Hoffm. 74. *TB.* 10 »

343 *ter.* — Quart d'écu 1648. Angers. Hoffm. 77. *B.* 3 »

344 — Demi-écu 1649. La Rochelle. Hoffm. 76. *B.* 7 »

345 — Ecu blanc 1650. Bordeaux. Hoffm. 55. *AB.* 15 »

345 *bis.* — Demi-écu blanc 1650 et 1652. Poitiers. Hoffm. 76. *B.* à 5 »

346 — Liard contremarqué d'un R couronné. Hoffm. 235. Usé. 1 »

347 — Méd. coulée de 1663. Alliance avec la Suisse. Br. doré. (54 millim.) *AB.* 12 »

348 — Jeton à l'éléphant (Laufer, Nuremberg 1670-90) s. d. Ordinaire des guerres. Cuiv. *TB.* 2 »

349 — Jeton (de Laufer) 1677. La Flandre subjuguée. Deux R couronnés en contremarque. Even, fig. 196. *B.* 2 50

349 *bis.* — Ecu blanc du Parlement 1680. Paris. Hoffm. 113. *TB.* 20 »

350 — Ecu de Flandre dit de Carambole 1685 A. Hoffm. 128. *B.* 22 »

251 — Demi-écu de Flandre dit Carambole 1685 A. Hoffm. 129. *B.* 12 50

352 — Méd. non signée, s. d. Buste du roi, à dr. ℟. PROCUL ET DIU. Ecu ovale de France

sur un cartouche. C. Rolas du Rosey 152. (3 gr.). Fabric. allem. *TB.* 15 »

353 *Louis XIV*. Méd. de Roussel, Paris, 1693. « Felicitas domus augustae. » (200 gr.) *TB.* 135 »

354 — Demi-écu aux palmes 1694. Aix-en-Provence. Hoffm. 141. *B.* 4 50

355 — Méd. satirique de Wermuth, graveur saxon. Buste du roi, à dr. ℞. Dans le champ, en six lignes : « Je suis le premier ministre d'Espagne. MDCCI·M·IAN. » Très rare. Br. 21 millim. *TB.* 20 »

355 *bis* — Demi-écu aux trois couronnes 1709 T. Hoffm. 189. *B.* 6 »

355 *ter* — Ecu aux trois couronnes 1711 H. Hoffm. 187. *B.* 10 »

356 — *Louis XV*. Demi-écu (vertugadin) 1716. Rennes. Hoffm. 28. *B.* 7 »

356 *bis* — Ecu dit de Navarre 1719. Hoffm. 34. *B.* 9 50

357 — Jeton de Duvivier 1724. Secrétaire du roi. Essaim d'abeilles s'élançant vers le soleil. Fontenay, p. 37 var. (8 gr.) *B.* 8 »

357 *bis* — Tiers d'écu 1722. Poitiers. Hoffm. 42. *TB.* 3 50

357 *ter* — Ecu aux huit L 1725. Paris. Hoffm. 45. *B.* 12 »

358 — Ecu 1768 L. Hoffm. 56. *B.* 9 »

358 *bis* — Petit écu au bandeau 1770 H. Hoffm. 58. *B.* 10 »

358 *ter* *Louis XV*. Ecu de 6 livres 1771. Paris. Hoffm. 62. *B.* 15 »

359 — Ecu de 6 livres 1773. Paris. Hoffm. 62. *B.* 12 »

359 *bis* *Louis XVI*. Ecu de 6 livres 1784 K. Hoffm. 11. *B.* 9 »

360 *Louis XVI*. Jeton 1776. Administration du bien des pauvres de la paroisse de Sainte-Catherine, à Lille. *TB.* 10 »

360 *bis* — Jeton s. d. de Duvivier. Académie royale des sciences. Even, fig. 116. (8 gr.) *TB.* 8 50

360 *ter* Ecu d'argent dit de Calonne 1786. Hoffm. 37. Refrappé. *FDC.* 40 »

361 Méd. uniface de Branche 1789. Prise de la Bastille.

Trésor de num. et de glypt. VIII. 3. 72 millim. Etain. *TB.* 18 »

362 Méd. uniface 1790. Champ de mars. Trésor de num. et de glypt. XXI. 2. 76 millim. Etain. *TB.* 18 »

363 Méd. uniface 1790. Acte fédératif des Français. Trésor de num. et de glypt. XXI. 4. 63 millim. Etain. *B.* 17 »

363 *bis* — Ecu de 6 livres 1790. Paris. Hoffm. 11. *B.* 9 »

364 — 30 sols 1792. Hoffm. 63. *B.* 2 50

365 — 15 sols 1793. Essai. Hoffm. 67. Refrappé. *FDC.* 2 50

366 — Méd. relative à sa mort. Tête, à dr. ℞. Cerbère. C. Sch. 702. Très rare, fabric. allem. (8 gr.) *TB.* 10 »

367 *République française.* 2 décimes, an 8. 2 50

368 — Méd. en forme d'écu 1795, de Stieler. Déblocus de Mayence par les Autrichiens commandés par le général Clairfait. Trésor de num. et de glypt. LVI. 4. *FDC.* 50 »

369 — 20 francs de l'an IX. L'Italie délivrée à Marengo. Millin XIV. 152. *FDC.* 25 »

370 Napoléon Bonaparte, consul. Méd. uniface et ovale, en verre. 32 × 38 millim. 5 »

371 — Paix d'Amiens, 1802. Méd. de Neuss, graveur à Augsbourg. Trésor de num. et de glypt. XC. 5. Millin LXII. 403. Rare. Br. 4 »

372 *Napoléon I.* Pièce de 10 livres 1810. Iles de France (Saint-Maurice). Millin LXXIII. 467. *B.* 15 »

373 — Demi-franc 1813. *FDC.* 2 50

373 *bis* — Belle collection de 335 monnaies et médailles napoléoniennes, en or, argent, bronze et plomb, renfermées pour la plupart dans des boîtes gaufrées du temps de l'Empire. 1700 »

374 *Elisa* (sœur de Napoléon et épouse de Félix, prince de Lucques et Piombino). Méd. uniface d'Andrieu. Millin LIII. 292 var. (7 gr.) *FDC.* 12 »

375 *Napoléon II.* 2 francs, 1 franc, demi-franc, quart. 4 pièces Æ. *B.* 8 »

376 — 10, 5, 3 et 1 centimes. 4 pièces. Cuiv. *B.* 2 »

377 *Louis-Napoléon*, roi de Hollande. Pièce de 50 stüver 1808. Millin LVII. 357. *TB.* 14 »

378 *Joseph Napoléon*, roi d'Espagne. Piastre 1808. *B.* 12 »

379 *Jérôme Napoléon*, roi de Westphalie. 20 francs 1808. Tête de cheval. Sans légende sur la tranche. Essai. *FDC.* 50 »

380 — Ecu de 1811. Mines de Mansfeld. Millin LVIII. 362. *TB.* 10 »

381 — 10 francs 1813. Tête d'aigle. C. Essai. *FDC.* 40 »

382 — 5 francs 1813. Tête d'aigle. C. Essai. *FDC.* 40 »

383 — *Joachim Napoléon*, roi des Deux-Siciles. 5 lire 1813. *B.* 10 »

384 — 2 lire 1813. *B.* 3 »

385 *Louis-Philippe*. Méd. de Caqué, s. d. Comice agricole de Pavilly (Seine-Inférieure). (140 gr.) *TB.* 35 »

386 Jeton octog. de Michaut, s. d. Compagnie des notaires de Paris. (18, 5 gr.) *TB.* 10 »

387 *Napoléon III*. Méd. militaire de Barre 1859. Campagne d'Italie. (5 gr.) *TB.* 5 »

388 — Méd. militaire 1859. Campagne d'Italie, fabric. italienne. Cuiv. *B.* 1 50

389 — Méd. militaire 1860, de Barre. Campagne de Chine. (15 gr.) *TB.* 5 »

390 — Méd. militaire 1860, de Barre. Campagne du Mexique. (16 gr.) *TB.* 5 »

391 — 10 centimes. Essai en nickel. *TB.* 2 50

392 — Méd. satirique 1870. L'ignorance de nos campagnes l'a soutenu sur le trône, etc. Cuiv. 1 »

393 *République*. Gouvernement de la défense nationale, 10 centimes 1870 avec le ballon. Aluminium. Maill. Suppl. 61. 6 »

HANOVRE

394 *Ernest Auguste*. Méd. uniface de Müller, s. d. Br. 98 millim. *TB.* 20 »

HOLLANDE

395 *Guillaume I.* Méd. 1827. Ouverture des routes dans le duché de Luxembourg. Fonte. 65 millim. *B.* 5 »
Voyez nº 377.

MEXIQUE

395 *bis. Augustin.* Peso 1822. C. Fonr. 6547. *FDC.* 10 »
395 *ter. Maximilien.* 1 centavo 1864. Cuiv. *B.* 1 »

NAVARRE

396 *Antoine de Bourbon et Jeanne d'Albret.* P. A. LXXIII. 10. *B.* 16 »
397 *Jeanne d'Albret.* Teston 1565 et 1566. P. A. 3442. *AB.* à 6 »
398 — Teston 1567. P. A. 3442. *B.* 7 »
399 *Henri et Marguerite de Valois.* Teston 1577. P. A. LXXIV. 13. *B.* 8 »
400 *Henri II.* Franc 1578. P. A. 3487 var. *B.* 6 »

NORVÈGE

401 *Chrétien VI.* Ecu de 6 marc 1733. Sch. 1599. *TB.* 26 »
402 *Frédéric V.* Ecu de 6 marc 1741, p. les mines. Sch. 1602. *B.* 15 »
403 *Chrétien VII* et *Frédéric V.* Méd. 1768-1790. (11 gr.) *TB.* 5 »
404 *Charles XIV Jean.* 24 schilling 1819, p. les mines. *TB.* 2 50
405 — 4 schilling 1825, p. les mines. *TB.* 2 »

POLOGNE

406 *Etienne Bathory.* Ducat 1584, p. Danzig. *TB.* 52 »
407 *Sigismond III.* Cinq ducats 1614, p. Danzig. *TB.* 160 »
408 — Ecu 1631, p. la couronne. *B.* 15 »
409 — Ducat 1632, p. Danzig. *B.* 55 »

410 *Wladislas IV*. Ecu 1633, p. la couronne. *B*. 15 »

411 — Méd. de Séb. Dadler, s. d. Son mariage avec Marie-Louise, fille de Charles de Gonzague, duc de Mantoue, Montferrat et de Nevers, 1646. Racz. II. 57. 121. (36 gr.) *B*. 75 »

412 — Méd. de J. Hoehn, 1646, relative au même évènement. (43 gr.) Trésor de num. et de glypt. Méd. allem. XLV. 4. *TB*. 60 »

413 *Jean Casimir*. Ecu 1659, p. Thorn. *B*. 45 »

Voyez aussi nos 319, 541 et 710.

PORTUGAL

414 *Philippe II d'Espagne*. Pièce en argent contremarquée de 60. *AB*. 2 »

415 *Pierre II*. 80 reis 1697. *TB*. 1 »

416 *Jean V*. 400 reis 1739 et 1742. Cat. Well. 25. *AV*. *B*. à 8 »

417 *Marie et Pierre III*, 400 reis 1778. *AV*. *B*. 8 »

418 *Louis I*. Essai en cuivre doré de la pièce de 5000 reis 1866. *FDC*. 4 »

PRUSSE

419 *Frédéric II*. Ecu 1750 A. 6 »

420 — Méd. 1757. Défaite des Autrichiens et prise de Prague. Henkel 1620. Cuiv. *B*. 5 »

421 *Guillaume et Augusta*. Ecu 1861. Couronnement. Schwalb. 204. *FDC*. 4 50

RUSSIE

422 *Théodore I*. Méd. en bronze (suite Wachter et Gass). *B*. 2 50

423 *Catherine II*. Roubel 1764. Sch. 606 var. *B*. 8 »

424 — 5 kopek 1775. Cuiv. *B*. 1 »

425 *Nicolas I*. Roubel 1829. Chaud. 2658. *TB*. 6 »

SUÈDE

426 *Christine.* Demi-écu 1640, au Sauveur. *AB.* 30 »
427 *Gustave III.* Ducat 1772. *TB.* 48 »
428 *Charles XV.* Méd. 1860. Son couronnement. (15 gr.) *TB.* 5 50

TURQUIE

429 Demi-sequin. AV. *FDC.* 13 »
430 Quart de sequin. AV. *TB.* 6 »
431 Huitième de sequin. AV. *TB.* 5 »

WESTPHALIE

Voyez nos 379 à 382.

ECCLÉSIASTIQUES

432 PAPES. *Jules II.* Sequin de Bologne au Saint-Pierre AV. *B.* 20 »
433 — *Grégoire XIII.* Douzain d'Avignon. P. A. 4314. Bill. *B.* 5 »
434 — *Urbain VIII.* Pièce de quatre écus d'or. P. A. pl. XCVI. 7 var. Avignon. AV. *TB.* 300 »
435 — *Pie IX.* 50 lire 1870 de Voigt, graveur à Munich. AV. *TB.* 70 »
436 BESANÇON. *Hugues II.* Denier. P. A. 5365. *B.* 4 50
437 — *Hugues III.* Denier. P. A. 5368. Usé. 2 »
438 — Anonyme. Denier. P. A. 5374. *B.* 4 »
439 BOURGES. *Léon de Gesvres.* Jeton de Roussel (?) 1694. Æ. *B.* 12 »
440 — *Fréd. de Roye de la Rochefoucauld.* Jeton de ROG à son buste et à ses armes, 1729. Cuiv. *B.* 4 »
441 *G. Phelypeaux.* Jeton de Duvivier à son buste et à ses armes, 1757. Cuiv. *B.* 5 »

442 Brixen. *Gaspard Ign, comte de Künigl.* Ecu 1710. Sch. 4119. *FDC.* 90 »

443 Cahors. *Guill. de Cardaillac.* Denier. P. A. 3907. *B.* 2 »

444 — *Guill. de Cardaillac.* Obole. P. A. 3908. *B.* 2 »

445 Cambrai. *Louis de Berlaimont.* Pièce de 2 et de 6 deniers. Robert XXV. 3 et 6. Cuiv. *B.* à 2 »

446 Cantorbery. *Guill. Laud.* Méd. uniface 1644. Van Loon II. 273. Reproduction. Cuiv. *AB.* 2 50

447 Clermont. Denier au buste de la Vierge. P. A. 2253. *B.* 0 80

448 — Obole au buste de la Vierge. P. A. 2257. *B.* 3 50

449 — *Fr. Bochard de Saron.* Jeton 1693. Cuiv. *B.* 5 »

450 Liège. *Gérard de Groisbeck.* Ecu 1568. Sch. 4422 annotation. *B.* 16 »

451 — *Maximilien-Henri de Bavière.* Escalin 1651. *AB.* 1 50

452 — Siège vacant. Ducat 1852, fabrication fantaisiste. *AV.* 25 »

453 Lyon. Denier. LG en monogramme. P. A. 5028. *B.* 10 »

454 — Denier à l'L barrée. P. A. 5031. *B.* 2 50

455 Maguelonne. Denier. P A. 3843. *TB.* 1 50

456 — Denier. P. A. 3846. *B.* 2 »

457 Mayence. *Jean-Philippe de Schoenbon.* Gulden 1671. Sch. 1558. *TB.* 18 »

458 — *Fréd.-Charles-Jos. d'Erthal.* Méd. de Stockmar. Son séjour à Erfurt en 1777. (37 gr. 55.) *TB.* 35 »

459 — *François-Louis de Kesselstadt*, écolâtre de la cathédrale. Méd. de Stieler 1772. C. Sch. 2095. (29 gr. 20.) *TB.* 60 »

Voir n° 368.

460 Metz. *Bertram.* Denier. Robert 113. 1 et 114. 3. *AB.* à 2 »

461 — *Jean.* Denier. Robert 128..1. *B.* 2 50

462 — *Jean.* Denier. Robert 131. 7. *AB.* 2 »

463 Munster. *Fr. Christian de Plettenberg.* Ecu obituaire 1706. Sch. 4567. Ann. *B.* 20 »

464 — Siège vacant 1761. Ecu. Sch. 4585. *B.* 20 »

465 — *Maxim.-Fréd., comte de Königseck.* Gulden 1764. Sch. 3374. *FDC.* 10 »

466 — Méd. de J. Kittel et d'Epli 1767. C. Sch. 2633. (28 gr. 10). *FDC.* 40 »

467 Olmutz. *Charles de Lichtenstein.* Ecu 1695. Sch. 3642. *B.* 13 »

468 — *Charles de Lorraine.* Ecu 1705. Sch. 3649. *TB.* 9 »

469 — *Charles de Lorraine.* Ecu 1706. Sch. 3651. *B.* 9 »

470 — *Charles de Lorraine.* Demi-écu 1707. Mayer 367. *B.* 6 50

471 Osnabruck. *Ernest-Auguste de Brunswic.* 6 gros 1688. *B.* 1 »

472 Paris. *Louis-Ant., card. de Noailles,* pair de France. Méd. de Roussel 1702. Br. 60 millim. *B.* 8 »

473 Rouen. *Dom. de la Rochefoucauld.* Jeton octog. de Duvivier, s. d. (14 gr.) *TB.* 15 »

474 Saint-Omer. Chapitre. Pièce de 6, 7, 12 deniers 1526. Cuiv. *B.* à 3 »

475 — Chapitre. Pièce de 12 deniers 1716. *B.* 2 »

476 Salzbourg. *Michel de Kuenbourg.* Ecu 1555. Sch. 3713. *TB.* 18 »

477 — *Jean-Jacques de Khuen de Belasy.* Ecu s. d. Sch. 3718 var. *TB.* 17 »

478 — *Wolfg.-Theod. de Raitenau.* Ecu carré s. d. Sch. 2775 (écu rond). *FDC.* 22 »

479 — *Sigismond de Schrattenbach.* Ecu 1761. Sch. 3901. *B.* 6 »

480 — *Jérôme de Colloredo.* Pièce de 20 kreuzer. 1783. *B.* 1 50

481 Spire. *Marquart de Hattstein.* Bractée. *B.* 1 »

482 Toul. Anonyme du XIIIe siècle. Mém. de la la Soc. d'arch. lorr., vol. XII, p. 384 (n° 7 de la planche). *AB.* 3 »

483 Trèves. *Udon.* Denier. Bohl 1 var. Dann. 477 var. *AB.* 15 »

484 — *Albéron de Montreuil.* Denier. Bohl 2. Dann. 490. *B.* 15 »

485 — *Thierri de Wied.* Denier. Bohl 3. *B.* 2 »
486 — *Arnould d'Isenbourg.* Denier. Bohl 1. *B.* 2 50
487 — *Werner de Falkenstein.* Florin de Wesel. Bohl 11. *AB.* 14 »
488 — *Lothaire de Metternich.* Ecu des mines de Vilmar 1617. Bohl 25. Sch. 3972. Trace de Bélière. *B.* 120 »
489 — *Philippe-Christophe de Soetern.* Monnaie 1647 au Saint-Philippe. *AB.* 1 »
490 — *Jean-Hugues d'Orsbeck.* Pièce de trois albus en or, s. d., inédit. Un ducat et demi. *TB.* 90 »
491 — *Jean-Hugues d'Orsbeck.* Quart d'écu obituaire. Bohl 157. *TB.* 5 »
492 — Siège vacant 1715. Demi-écu à la Sainte-Hélène. Bohl 2. *AB.* 12 »
493 — Siège vacant 1715. Quart d'écu à la Sainte-Hélène. Bohl 3. Doré. *AB.* 6 »
494 Valence. Denier. P. A. 4690. *B.* 2 »
495 Verdun. *Erric de Lorraine.* Florin 1610. C. Robert 1133. *B.* 175 »
496 Vienne. Denier à la tête de saint Maurice. *B.* 1 »
497 Wurzbourg. *Jean-Ph.-François de Schoenborn.* Gros obituaire 1724. Goetz 179. *FDC.* 6 »
498 — *Christophe-François de Hutten.* Demi-écu 1726. Sch. 4909. *FDC.* 25 »
499 — *Ad.-Fréd. de Seinsheim.* Pièce de 20 kreuzer 1763. *B.* 1 »
500 Fulda. *Amand de Buseck.* Méd. de Nic. Dittmar, s. d. Jubilé milliaire de fondation de l'abbaye (1744). Sch. 4227. (29 gr. 40.) *FDC.* 40 »
501 Limoges. Denier au buste de saint Martial. P. A. 2291. *B.* 2 »
502 Muri (Suisse). *Placide, baron de Zurlauben.* Méd. 1720. C. Sch. 3096. (18 gr. 30.) *B.* 40 »
503 Thoren. *Marguerite de Bréderode.* Ecu 1563. Sch. 5297 var. *B.* 17 »

504 — *Marguerite de Bréderode.* Ecu 1569. Sch. 5302. *B.* 17 »
505 — *Marguerite de Bréderode.* Ecu 1570. Sch. 5309 var. *TB.* 18 »
506 — *Anne de La Marck-Lumain.* Pièce de quatre stuber. C. Well. 9115. *TB.* 12 »
507 Saint-Blaise (Forêt-Noire). *Martin II de Gerbert et Hornau.* Méd. de Guillemard 1783. Consécration de l'église. C. Sch. 3102. (29 gr. 20.) *FDC.* 40 »
508 Saint-Gall (Suisse). *Beda Angherrn.* Ecu 1780. Sch. 5175 ann. *TB.* 14 »
509 — *Beda Angherrn.* Gulden 1776. Sch. 5173. *TB.* 6 50
510 — *Beda Angherrn.* Pièce de vingt kreuzer 1774. *TB.* 5 »
511 Saint-Martin-de-Tours. Denier. P. A. 1638. *B.* 1 50
512 Ordre teutonique. *Paul de Russdorf.* Schilling. Tudik I. 34. *B.* 3 »
513 — *Maximilien d'Autriche.* Demi-écu 1614. L'archiduc à cheval, entouré des écussons d'Alsace, de Bourgogne, etc. Sch. 4984. *TB.* 6 50
Voyez aussi n° 526.
514 — *Maximilien* (fils de François de Lorraine). Méd. de Würth 1777. Son arrivée dans les mines de la Hongrie. Tudik XVI. 169. (6 gr. 50.) *TB.* 4 »
515 — La même médaille en bronze. *TB.* 3 »

MAISONS PRINCIÈRES, etc.

516 Alsace. *Ferdinand d'Autriche.* Double écu s. d. Engel et Lehr 12. *B.* 35 »
517 — *Ferdinand d'Autriche.* Ecu s. d. Engel et Lehr 30 et 45. *B.* à 9 »
518 — *Ferdinand d'Autriche.* Ecu s. d. Engel et Lehr 62 et 63. *B.* à 8 »
519 — *Maximilien,* grand maître de l'ordre teutonique. Ecu 1616. Engel et Lehr 183. *TB.* 13 »
520 — *Léopold.* Ecu 1620. Engel et Lehr 231. *B.* 10 »

521 — *Léopold.* Écu 1622. Engel et Lehr 253. *AB.* 7 50
522 — — — 1624. — 269. *B.* 9 »
523 Anjou. *Foulques V.* Denier. P. A. 1492. *B.* 1 »
524 Aquitaine. *Eléonore.* Denier. P. A. 2741 et 2743 *B.* à 1 50
524 *bis* — *Edouard*, le prince noir. Pavillon d'or. P. A. LXIV. 14. *TB.* 80 »
525 Artois. *Philippe IV d'Espagne.* Liard de 1639. P. A. 6788. Cuiv. *AB.* 1 »
526 Autriche. *Maximilien.* Ecu 1616, p. le Tirol. Sch. 4986. *TB.* 10 »
527 Bar. *Robert.* Florin d'or. De Saulcy IV. 11. *B.* 23 »
528 Batenbourg. Florin d'or au titre de l'empereur Ferdinand I et à la Vierge posée au dessus de l'écu de Bronckhorst. *B.* 50 »
529 — Quart d'écu au buste de saint Victor et au lion au drapeau. *AB.* 16 »
530 Béarn. *Centulle.* Denier. P. A. 3233. *B.* 1 »
531 — — Obole. P. A. 3235. *B.* 2 50
532 Berg (s'Heerenberg). *Hermann Frédéric.* Florin d'or au type messin. Serr. 93 var. *B.* 50 »
533 Bretagne. *Jean IV.* Gros blanc de Jugon. P. A. 655. *B.* 2 50
534 — *François I.* Gros de Nantes. P. A. 1265. *B.* 2 »
535 Bourgogne. *Hugues V.* Denier de Dijon. P. A. 5676 et 5677. *B.* à 1 50
536 — *Jean sans Peur.* Blanc. P. A. 5723 et 2724. *B.* à 2 »
537 — *Philippe le Bon*, corégent du Luxembourg. Méd. d'Adrien Waterloos. Restitution. Van Mieris I, p. 42. Arm. II, p. 300. Cuiv., à bélière. *AB.* 6 »
538 — *Philippe II.* Carolus 1563. P. A. 5285. *AB.* 3 »
539 — *Marie-Adélaïde de Savoie*, femme de Louis, père de Louis XV. Jeton octog. 1706, à son chiffre. (7 gr. 5.) *TB.* 25 »
540 — *Louis-Henri, duc de Bourbon-Condé, et Caroline*, fille d'Ernest-Léopold, landgraf de Hesse-Rhinfels. Jeton de Duvivier 1728, offert par les Etats

de Bourgogne à l'occasion de leur mariage. Fontenay, p. 20. Even, fig. 114. Rare. (9 gr.) *TB.* 26 »

541 — *Marie-Josèphe*, princesse de Saxe, fille d'Auguste III, roi de Pologne, et femme de Louis le Dauphin, père de Louis XVI. Jeton 1757, relatif à la naissance de leur troisième fils, Charles, comte d'Artois (Charles X, roi de France). ℟. Arbre et trois arbrisseaux. (7 gr. 5.) *TB.* 25 »

542 BRABANT. *Joseph II.* Quart d'écu 1790. *TB.* 2 »

543 — *Léopold II.* Ecu 1791. *TB.* 5 50

544 BRONKHORST. Voyez n° 528.

545 BRUNSWIC. *Jules.* Ecu obituaire 1589. Sch. 6462. *TB.* 15 »

546 — *Guillaume* à Harbourg. Quart d'écu 1624. Sch. 6660 var. *B.* 6 »

547 CHAMPAGNE. *Thiébaut II.* Denier de Provins. P. A. 5970. *AB.* 0 75

548 — *Thiébaut II.* Denier de Provins. COMES. P. A. 5971. *B.* 1 50

549 CHATEAUDUN. Denier. Anonyme. P. A. 1839. *AB.* 2 »

550 CHATEAU-RENAUD. *François de Bourbon et Marguerite de Lorraine.* Florin s. d. Troué. *B.* 18 »

551 CHATEAUROUX. Raoul. Denier. P. A. 1946. *AB.* 0 75

552 CUGNON. *Jean Thierri de Loevenstein*, seig. de Chassepierre. Double tournois 1634. P. A. 6373. Van Werv. 283. Cuiv. *B.* 1 50

553 DOMBES. *Marie.* Liard 162... P. A. 5172 var. Cuiv. Un peu rogné. 2 »

554 — *Gaston d'Orléans.* Jeton 1636. Hommage de ses sujets. Fontenay, p. 67. (6 gr. 5.) Rare. *B.* 22 »

555 — *Gaston d'Orléans.* Jeton 1637. NVNQVAM VIS DIVIDET VLLA. La foudre descendant sur deux arbrisseaux enlacés. (5 gr. 5.) Très rare. *FDC.* 28 »

556 — *Anne-Marie-Louise.* Douzième d'écu 1664 et 1665. P. A. 5226 et 5225. *AB.* à 5 »

557 — *Anne-Marie-Louise.* Douzième d'écu 1666, à l'exergue du revers : T. P. A. 5225 var. *B.* 6 »

558 — *Anne-Marie-Louise*. Douzième d'écu 1667. P. A. 5228. *AB*. 6 »
559 *Anne-Marie-Louise*. Douzième d'écu 1667. P. A. 5225, avers. P. A. 5244, revers. Troué. *B*. 16 »
560 — *Anne-Marie-Louise*. Douzième d'écu 1668. P. A. 5242. Troué et usé. 15 »
561 FLANDRE. *Charles-Quint*. Réal s. d., fr. à Anvers. AV. *B*. 20 »
562 — Alliance entre la France, l'Angleterre et les Provinces-Unies. Jeton 1596. Van Loon I. 476. Cuivre doré. *AB*. 2 »
563 — *Philippe IV*. Jeton 1651. Désirs de faire la paix avec la France. Van Loon II. 354. Cuiv. *B*. 2 »
564 GIEN. *Geoffroi*. Denier. P. A. 1998. *AB*. 1 50
565 HANAU-LICHTENBERG. *Jean-René*. Teston s. d. Engel et Lehr 53. *TB*. 6 »
566 — *Jean-René*. Pfenning bractée. Engel et Lehr 103. *AB*. 1 »
567 HENRICHEMONT. *Maxim. I de Béthune*. Double tournois 1636. P. A. 2092 et 2093. Cuiv. *AB*. à 1 »
568 HESSE. *Frédéric II*. Douzième d'écu. *B*. 1 »
569 — *Guillaume IX*. Ecu 1796. Mines de Bieber. Hoffm. 2700. *B*. 10 »
Voyez n° 540.
570 HOHENLOHE. *Jean-Frédéric*. Demi-écu 1730. 2e fête séculaire de la Confession d'Augsbourg. Mad. 4216. *B*. 20 »
571 LINANGE-WESTERBOURG. *Louis*. Florin d'or 1617. Joseph 61. Légèrement fendillé. *B*. 50 »
572 LORRAINE. *François I*. Teston 1545. De Saulcy XVII. 8. *AB*. 30 »
573 LORRAINE. *Charles V*. Méd. de saint Urbain s. d. Guerre contre les Turcs, 1686. C. Monn. 707. Br. 58 millim. *B*. 5 »
574 — *François III*. Quart d'écu 1736. De Saulcy XXXIV. 9. *MC*. 15 »

575 — *François III.* Méd. de Werner 1736. Son mariage avec Marie-Thérèse d'Autriche. Méd. de Marie-Thérèse 7. C. Monn. 823. 11 ducats. *FDC.* 200 »

576 — *Charles-Alexandre et sa sœur Anne-Caroline.* Jeton 1770. Visite de la monnaie de Vienne. Méd. de Marie-Thérèse 228. Br. *B.* 4 »

Voyez aussi nos 221, 468, 495, 550 et 606.

577 LUXEMBOURG. *Guillaume I.* Méd. de Grun 1827. Construction de la route de Luxembourg à Marche-en-Famenne. Coulée en fonte sur la Sûre, près de Martelange. *TB.* 5 »

578 — *Guillaume I.* Méd. s. d., aux armes du Grand-Duché. Br. *TB.* 5 »

579 — *Adolphe de Nassau.* 5 francs 1889. Essai. *FDC.* 20 »

580 — *Adolphe de Nassau.* 10 centimes 1889. Essai. Cuiv. *FDC.* 2 »

Voyez no 537.

581 MAINE. *Herbert I.* Denier au monogramme. P. A. 1548. *TB.* 4. *B.* 2 »

582 MANSFELD. *Jean-Georges.* Tiers d'écu 1669 et 1671 au saint Georges. Usé. à 3 50

583 MANTOUE. *Charles IV de Gonzague, duc de Nevers.* Sol s. d., relatif au siège de Mantoue par l'empereur Ferdinand en 1629 et 1630. Rossi 2139. Maill. 744. Cuiv. *B.* 10 »

Voyez aussi nos 411, 412 et 587.

584 MONTBÉLIARD. *Ulric de Wurttemberg.* Ecu uniface. ❀ D 8 G∘VLRICVS∘DVX WIRT 8 ET∘TECT∘ CO∘MO8BELL8Z. Buste, à g., coiffé d'un chapeau à plumes. D'un fort relief et d'une belle exécution. *TB.* 250 »

585 NASSAU-SARBRUCK. *Albert.* Pièce de 2 kreuzer 1588 et 1589. Appel 2279. *B.* à 2 50

586 — *Albert.* Pièce d'un pfenning uniface. Appel 2280 *B.* 1 50

587 NEVERS. *Louis de Gonzague et Henriette de Clèves.*

Jeton 1582. Cuiv. *MC.* 4 »

Voyez aussi nos 411, 412 et 583.

588 ORANGE. *Raimond IV.* Florin d'or (casque). P. A. 4521. *B.* 20 »

589 — *Fréder.-Henri.* Double tournois 1640. P. A. 4610. Cuiv. *B.* 1 »

590 — *Guill.-Henri.* Cinquième d'écu 1660. P. A. 4639 et 4641 var. *B.* à 6 »

591 PENTHIÈVRE. *Etienne I.* Denier de Guincamp. P. A. 1446. *B.* 2 50

592 POITOU. *Richard Cœur de Lion.* Denier. P. A. 2505. *B.* 1 »

593 — *Alfonse.* Denier. P. A. 2582. *B.* 1 50

594 PROVENCE. Marquisat. *Raymond VI.* Denier. P. A. 3730. *TB.* 3 »

595 — Comté. *Alfonse d'Aragon.* Denier. P. A. 3930. *TB.* 2 »

596 RODEZ. *Hugues.* Denier. P. A. 3880. *B.* 1 »

597 SAXE. *Frédéric III, Jean et Georges.* Ecu s. d. Mad. 489 var. *B.* 8 50

598 — *Auguste.* Ecu 1576. Mad. 6276. *B.* 8 »

599 — *Jean-Georges III.* Douzième d'écu. *B.* 1 »

600 — *Fréd.-Aug. III.* Ducat 1766. Soothe 630. *FDC.* 16 »

601 *Fréd.-Auguste III.* Deux tiers d'écu 1800. *B.* 3 »

Voyez nos 541 et 629.

602 SALM-RHINGRAF. Pfenning unif. C. Monn. 1618. *B.* 1 »

603 SAYN-WITTGENSTEIN. *Jean-Gustave.* 2 mariengroschen 1654. *B.* 2 »

604 SAVOIE. Voir no 539.

604 *bis* — *Amédé IX* (duc de) 1472. Méd. ovale et uniface. Arm. II, p. 37. Br. 48×39 millim. *TB.* 150 »

605 SCHWARZENBERG. *Ferdinand et Marie-Anne, comtesse de Sulz.* Ecu 1696. C. Sch. 5663. *TB.* 10 »

606 TOSCANE. *François III de Lorraine.* Petit écu 1739. C. Monn. 827. *B.* 4 50

607 — Petite pièce de 1764. C. Monn. 839. *B.* 0 75

608 TOULOUSE. *Raymond VII.* Denier à la crosse. P. A. 3702. *TB.* 2 »

609 — *Raymond VII.* Obole à la crosse. P. A. 3703. *TB.* 3 »

610 VALENCIENNES. *Marguerite de Hainaut.* Demi-gros. *B.* 4 »

611 VENAISSIN, COMTAT. Voyez n° 433 et 434.

612 VIENNOIS. *Guigues VIII.* Florin d'or. P. A. 4858. *B.* 26 »

613 — *Charles V.* Florin d'or. P. A. 4894. *B.* 35 »

614 WURTEMBERG. *Frédéric.* Ecu 1606, au saint Christophe. Mad. 4124. *TB.* 48 »
Voyez n° 584.

615 ZÉLANDE. 7 florins d'or 1761. *TB.* 20 »

VILLES

616 *Aix-la-Chapelle.* Louis IV. Esterlin. App. II. 30. 2. *AB.* 2 »

617 — Méd. de J. Wiener, représentant le Munster. Br. *TB.* 4 »

618 *Amiens.* Chambre de commerce. Jeton de Roettiers fils. Vue d'un port de mer (Boulogne ?) (7, 5 gr.) Voyez n° 371 *B.* 12 »

619 *Angers.* Michel Falloux, s^r du Lis. Jeton 1714/1715 faisant allusion à la paix de Rastadt. (6 gr.) Rare. *TB.* 20 »

620 Jeton de Duvivier au buste de Louis Stanislas Xavier, duc d'Anjou. (9 gr.) *TB.* 5 »

621 *Augsbourg.* Méd. de Fréd. Kleinert, march. de monnaies à Nuremberg, 1704. Délivrance d'Augsbourg et reprise d'Ulm. Van Loon. IV. 443. (30 gr.) *FDC.* 40 »

622 — Charles VII. Ecu 1744 avec la vue de la ville. *FDC.* 16 »

623 *Beaune.* Loge du Réveil. Méd. 1886. Inauguration du temple. Br. 2 »

624 *Besançon.* Carolus 1549, 1561 et 1622. P. A. 5391 et 5408. *B.* à 2 »

625 — Petit blanc 1570. P. A. 5392 var. *AB.* 1 50
626 — Quart de teston 1624. P. A. 5416. *B.* 4 »
627 — Jeton 16 (31?) au buste de Ferdinand II, signé GP (Georges Pfrundt, graveur à Nuremberg?) Fontenay, p. 376. Cuiv. *B.* 7 »
628 — Demi-ducat 1655. P. A. 5420 *B.* 14 »
628 *bis* *Blois*, voir nos 698 et 710.
629 *Brisach*. Plappert. Troué. *AB.* 6 »
629 *bis* Bernard de Saxe-Weimar. Méd. de J. Blum, 1638. Prise de la ville. Trésor de num. et de glypt. Méd. allem. XLIV. 9. (66 gr.) Doré. *B.* 100 »
630 *Bruxelles*. Loge des philanthropes. Insigne maçonn. en argent et vermeil. Avec ruban. *TB.* 10 »
631 — Méd. des loges maçonn. frappée à l'occasion de la 50e année de l'indépendance nationale. Br. 1 »
632 *Cahors*. Denier. P. A. 3920. *B.* 2 »
632 *bis* *Colmar*. Doppelvierer. Engel et Lehr, 15 var. *B.* 5 »
633 *Cologne*. Méd. de Hart, 1844. Premier anniversaire de la jonction de l'Escaut et du Rhin par chemin de fer. L'Escaut et le Rhin assis se donnant la main. Relief très saillant et très beau. Br. *TB.* 6 »
634 — Méd. 1875 à la tête de l'impératrice Victoria. Exposition internationale d'horticulture. Br. doré. *TB.* 2 50
634 *bis* *Constance*. Gros. App. IV. 729. *B.* 5 »
635 *Douai*. Maille. P. A. 6978. *AB.* 1 »
636 — Parfaite union. Croix maç. munie d'un ruban jaune et rouge. Br. doré et émaillé. *TB.* 7 »
636 *bis* *Erfurt*, voir no 458.
637 *Francfort-sur-le-Main*. Florin d'or au titre de Frédéric III. Koehler 2839 var. *B.* 20 »
638 — Double florin de 1848. L'archiduc Jean d'Autriche. *TB.* 4 »
639 *Goslar*. Gros de 1545. App. IV. 1212. *B.* 2 »
640 *Haguenau*. Dicken, s. d. Engel et Lehr. 42. *B.* 10 »
641 — Dicken, 1621. Engel et Lehr 49 var. *AB.* 36 »

642 *Hall* (Souabe). Ecu 1777 au buste de Joseph II. Binder. 82. *FDC.* 15 »

643 *Hambourg.* Double ducat 1674 à la Vierge tenant l'enfant. Gaed. 14. Koehlen 2889. *TB.* 50 »

644 *Lerida.* Méreau 1551 ? à deux fleurs à trois lys. Cuiv. *B.* 10 »

645 *Liège.* Méd. maçonnique 1869. Cuiv. *TB.* 0 75

646 — Méd. maçonnique. Br. 1 »

647 *Lille.* Obole. P. A. 6956. *B.* 1 »

Voyez aussi n° 358.

648 *Limoges.* Denier. P. A. 2277. *TB.* 6 »

649 *Lubeck.* 8 schilling 1728. *B.* 2 »

650 *Lyon.* Insigne de la loge « le Parfait Silence », 1762. Cuiv. *B.* 3 »

651 — Insigne maçonn. 1824. Cuiv. doré. *B.* 2 50

652 — Jeton de Droz aux armes de Ch. Cl. Briasson, échevin, etc., de la ville de Lyon, 1757, moderne. (11 gr.) *TB.* 3 50

653 — Méd. de la cavalcade de bienfaisance, 1886. Br. argenté. 1 25

Voyez aussi nos 690, 697, 721 et 726.

654 *Mantoue.* Voyez n° 583.

655 *Marseille.* MONETA MARS ? Croix de Jérusalem. Pièce en verre trouvée dans la Saône, à l'Ile-Barbe, près de Lyon. *B.* 30 »

656 *Metz.* Teston 1598. De Saulcy II. 3. *B.* 5 »

657 — Franc 1616 et 1660. De Saulcy II. 1. *B.* à 4 »

658 — Bernard de Pellart, seig. de Givry, échevin. Jeton 1677. Robert IV. 6. Cuiv. *AB.* 3 »

659 — Le Fèvre de Caumartin, Casimir Metz de. Jeton 1754. Sa naissance. Robert V. 10. Cuiv. *B.* 1 50

Voyez n° 532.

660 *Namur.* Méd. maçonn., 1869. Jubilé séculaire. Br. *TB.* 1 50

661 *Neufchâteau.* Denier au Saint-Pierre et à l'édifice. C. Rob. 1696. *B.* 2 50

662 *Neuss*. Jeton satirique de 1576. Cuiv. *B*. 15 »

663 *Orléans*. Jeton de la maison commune 1578. Vue de l'ancien monument élevé à la mémoire de Jeanne d'Arc. Cuiv. *AB*. 7 »

664 — Jeton de la maison de la ville, 1608. Le roi et Jeanne d'Arc à genoux au pied de la croix. Cuiv. *B*. 8 »

665 *Paris*. Syndics de Saint-Jacques la Boucherie. Jeton 1576 aux armes de Rapioult et de Saint-Yon. Cuiv. *B*. 12 »

666 — Greffiers du Châtelet. Jeton, s. d. (6 gr.) *TB*. 28 »

667 — Jeton relatif à la paix de Nimègue 1676. 4e prévôté de Claude Le Peletier, seig. d'Ablon. D'Affry. 227. (6 gr.) *B*. 12 »

668 — Jeton de Duvivier, 1740. Prévôté de Fel. Aubery, marquis de Vastan. D'Affry. 273. (11 gr.) *TB*. 15 »

669 — Commissaires du Châtelet. Doyenné de M. Daminois. Jeton 1747-1749. Vue du Pont-Neuf et du Châtelet. (9 gr.) *B*. 12 »

670 — Commissaires du Châtelet. Doyenné de M. Girard. Jeton 1749. Vue du Pont-Neuf et du Châtelet. Even, fig. 108. (9 gr.) *TB*. 10 »

671 — Jeton de Duvivier 1754. 6e prévôté de L.-B. de Bernage. D'Affry 281. (10 gr.) *B*. 8 »

672 — Jeton de Duvivier s. d. Marchands de vins. Even, fig. 16. Cuiv. argenté et moderne. *B*. 1 »

673 — Plaque de cocher de cabriolet de place, J.-B. Henry, propriétaire (fin du siècle dernier). 57 millim. Cuiv. argenté. *B*. 5 »

674 — Insignes maçonn. de la loge Jérusalem des vallées égyptiennes. Arg. doré et strass. *TB*. 10 »

675 — Méd. maçonn. 1888. Protestation contre le boulangisme. Br. *TB*. 2 »

676 *Périgueux*. Jeton unif. de la loge « Tolérence ». Cuiv. *TB*. 0 75

Prague. Voyez n° 420.

677 *Rastadt*. Voyez n° 619.

678 *Ratisbonne*. Ecu de tir. 1586. Enfant debout entre deux urnes. Plato 165. Schratz 12. Mad. 2319 ann. Trace de bélière. *B*. 35 »

679 *Rethel*. Jeton 1622. Cuiv. *AB*. 10 »

680 *Reims* ou *Chartres?* Enseigne de pèlerinage. La Vierge portant l'enfant Jésus et tenant la sainte robe. Dans le champ, AB en lettres gothiques. XVIe siècle, 34 millim. Estampage. Æ. *B*., un peu brisée. 10 »

681 *Rome*. Insigne maçonn. à la louve allaitant Romulus et Remus. Cuiv. *AB*. 2 »

682 *Strasbourg*. Florin d'or s. d. Koehler 3059. Engel et Lehr 422. *TB*. 65 »

683 Ecu carré à 80 kreutzer 1592. Siége de la ville. Maill. CII. 1. Engel et Lehr 448. *B*. 25 »

684 — Méd. religieuse 1629. Vue de la ville. Engel et Lehr 564. (10 gr.) Doré, trace de bélière. *AB*. 38 »

685 — Dreibatzner (12er) s. d. (1639). Engel et Lehr 473. *TB*. 2 50

686 — Demi-écu aux palmes 1695. Hoffm. 281. Engel et Lehr 509. *MC*. 8 »

687 — Méd. de Kamm 1748. Passage d'un rhinocéros rapporté du Bengale par le capitaine Mout. Cat. Chaix 571. Etain. *TB*. 8 »

688 Méd. frappée à l'occasion du passage du roi à Strasbourg en 1828. Etain. Trouée. *CM*. 2 »

689 *Toulon*. Méd. 1880. Festival. Br. 1 »

PERSONNAGES

690 *Arc (Jeanne d')*. Voir n°s 663 et 664.

691 *Bathéon* (Léonard de) seig. de Vertrieu, conseiller en la cour des monnaies de Lyon, et sa femme, Bonne Pupil. Jeton s. d., à leurs armes. Cuiv. *AB*. 8 »

692 *Bellevre* (Pomponne de). Méd. de Conrad Bloc 1598. Trésor de num. et de glypt. LIII. 5. Br. doré. *AB.* 30 »

693 *Boiceau de la Barauderie* (Jacques), intendant des Jardins du roi. Méd. uniface d'Abr. Dupré 1624. Trésor de num. et de glypt. XVIII. 5. Br. 70 millim. *AB.* 60 »

694 *Bosquet*, maréchal de France. Cliché de Montagny s. d. (1860 ?). Br. *TB.* 7 »

695 *Boucherat* (Louis de), chancelier de France. Méd. de Molart 1685. (206 gr.) *TB.* 65 »

695 *bis* — La même médaille, plus petite, de 1686. Br. *TB.* 6 »

696 *Bourbon* (Louis Henri de). Méd. de Duvivier 1724 Br. *B.* 6 »

697 *Briasson* (Ch.-Cl.), échevin de Lyon. Jeton 1757 à ses armes et au lion. Refrappé. (5 gr. 10.) *TB.* 3 50

698 *Brisacier* (Mathieu de), secrétaire des commandements (fils de Guill. de B., seig. de Montriche, et de Madeleine Garsaulan, de Bourges ou de Blois). Méd. de C. Martin s. d. (1680 ?). Buste cuirassé, à dr. ℞. NOBILITAS·SOLA·EST·ATQVE·VNICA·VIRTVS. La Valeur assise sur un lion, tenant un javelot et un bouclier; derrière elle, des insignes militaires et des remparts. Br. doré. 53 millim. Inédite. *TB.* 70 »

699 *Carpentier de Noyon*, numismate. Jeton de jeu de sa famille. Métal blanc. *TB.* 3 »

700 *Chalon* (Renier), président de la Soc. roy. de num. de Belgique. Méd. de Wiener, offerte par la Soc. de num. belge à son président, à l'occasion de son 25e anniversaire, en 1866. Br. *TB.* 8 »
Voyez aussi n° 727.

701 *Charlot* (Jacques), seig. des Loges, maire. Jeton de Bretton 1685, à ses armes. Cuiv. *B.* 5 »

702 *Chevrier* (Franc.) et Louise Parise. Jeton s. d., à leurs armes. Cuiv. *B.* 6 »

703 *Créqui* (Madeleine de). Cliché de Warin 1631. Br. 104 millim. *TB.* 200 »

704 *Croy* (Philippe de), comte de Solre, marquis de Renti. Méd. uniface à son buste. Comp. v. Loon I, p. 474. Cuiv. *MC.* 15 »

705 *Dancoisne* (L.), numismate. Jeton 1881. Br. *TB.* 2 »

706 *Desmaretz* (Nic.), administrateur. Jeton de Nic. Roettiers 1712, à son buste et à ses armes. Cuiv. *B.* 8 »

707 *Estampes* (Marguerite d'). Méd. ovale de G. Dupré, à son buste et à un écu mi-parti de Beauclerc et d'Estampes. Trésor de num. et de glypt. XIX. 1. 50 × 45 millim. *B.* 70 »

708 *Galois de la Tour* (C.-J.-B. des), président au Parlement et intendant de Provence. Méd. de Dupré 1788. Br. *TB.* 8 »

709 *Gariel*, entrepreneur et numismate. Méd. de Royer 1876, offerte par le Cercle des maçons et tailleurs de pierre de Paris. Br. *TB.* 4 »

710 *Grange* (Henri, cardinal de la), marquis d'Arquien, et sa fille, Marie-Casimire, épouse de Jean III Sobieski, roi de Pologne. Il mourut, en 1707, en Italie, et elle à Blois, en 1716. Méd. 1699, signée FC. Loreto. Racz, n° 245. Fort rare. 55 millim. Br. *TB.* 150 »

711 *Hende* (Ed. van), l'auteur de la numismatique lilloise. Jeton 1882. Br. *TB.* 2 »

711 *bis.* — *Kesselstadt*, famille originaire de l'Electorat de Trèves et établie aujourd'hui en Autriche. Voir n° 459.

712 *Jules César*. Méd. uniface et concave à son buste. Br. Trouée. *TB.* 20 »

713 *Lagerberg* (Magnus), chambellan suédois et numism. Jeton octogone de Veyrat 1874, à ses armes. Rev. belge, 1876, pl. XVI. Cuiv. *TB.* 3 »

714 *Lagerheim* (Alfred) et Christine Manderström. Jeton

uniface à leurs armes. Revue belge, 1876, pl. XVI. Plomb. *TB.* 3 »

715 *Laistre* (Nic. de), général de la cour des monnaies. Jeton 1612, à ses armes. ℞. L'amour gravant. Cuiv. *AB.* 12 »

716 *Laugier* (J.), numismate. Jeton 1880. Br. *TB.* 2 50

717 *Lebrun* (Charles), peintre. Méd. de Chéron s. d. « Artium mater diagraphe. » Br. 69 millim. *T.* 20 »

718 *Leschassier* (Louis), notaire et conseiller, secrétaire du roi (1588-1624), mort en 1631 et enterré à Paris dans l'église Saint-Leu. Jeton à ses armes. ℞. Phylactère entourant la date 1588. Cuiv. *B.* 12 »

719 *Lincoln*, président des Etats-Unis. Méd. offerte par la démocratie française 1865. Br. 82 millim. *TB.* 10 »

720 *Loménie* (Ant. de), chlr., conseiller et secr. d'état. Méd. de G. Dupré s. d. Trésor de num. et de glypt. XVII. 1. Br. 51 millim. *B.* 60 »

721 *Lumague* (Franc.), échevin de Lyon. Jeton à ses armes. Cuiv. *AB.* 4 »

722 *Maillet* (Pr.). colonel. Jeton de présence de la Soc. de numism. à Tournai 1879. Rev. belge, 1879, p. 373. Br. *TB.* 2 »

722 *bis Mazarin* (Card. de). Buste. ℞. Hercule et l'Atlas soulevant le monde. Méd. signée F.C.A.G.A.E. Trésor de num. et de glypt. Méd. franç., pl. LXVI. 5. Br. *TB.* 160 »

723 *Mercier*, nourrice du Dauphin. Jeton octog. s. d., à ses armes. Cuiv. *B.* 6 »

724 *Meyerbeer*, compositeur, né à Berlin. Grand cliché à son buste, tourné à g. Br. 126 millim., coulé. *TB.* 20 »

725 *Nicolay* (Jean-Aymar), marquis de Goussainville, premier président de la Chambre des comptes de Paris, et Franc.-Elisabeth de Lamoignon. Jeton relatif à leur mariage 1705. (9 gr. 5.) *B.* 20 »

726 *Nicolau* (Pierre), trésorier général de la ville de Lyon. Jeton à ses armes et à celles de Lyon. (8 gr. 5.) *TB.* 12 »

727 *Peteghem* (Ch. van), expert en monnaies à Paris. Méd. 1871, au buste de Renier Chalon. Son élection comme membre de la Soc. de num. de Belgique. Br. *TB.* 4 »

728 *Radetzky*, maréchal de camp autrichien. Son portrait en daguerréotype dans une pièce de 5 centimes, de 1809. *TB.* 5 »

729 *Raisse* (Fr.), seig. de la Hargerie. Jeton s. d., à ses armes. Cuiv. Usé. 6 »

730 *Robespierre* (J.). Son buste tourné à dr. et signé H. P. Br. coulé. *TB.* 10 »

731 — Grand cliché signé F. H. R ?. Coulé. *AB.* 10 »

732 *Roussel* (Armand), num. Jeton s. d. Métal blanc. *TB.* 2 »

733 *San Martin*, général. Méd. maçonnique de Simon. Br. *TB.* 3 »

734 *Scotti* (Jérôme), de Plaisance. Méd. ovale. 64/51 millim. Br. *TB.* 25 »

735 *Stiernstedt* (F.-A.-W.), numismate. Jeton 1873. Rev. belge, 1876, pl. XV. Cuiv. *TB.* 3 »

736 *Trochu*, général. Jeton 1870. Cuiv. *TB.* 1 »

737 *Trottus* (Galeat), général. Méd. de J. Vismara. grav. à Milan, 1670. Son buste cuirassé, à dr. ℟. Le général galopant à dr., couronné par la Victoire. Br. 87 millim. *TB.* 25 »

738 *Vernon*, amiral anglais. Méd. 1739. Prise de Portobello. C. Well 14993. 27 millim. Cuiv. *B.* 5 »

VARIA

739 *Joachimsthal?* Méd. religieuse 1549. Adoration des bergers. ℟. Adoration des rois Mages. Br. doré, trou rebouché. *CM.* 5 »

740 — Méd. s. d. David et Goliath. ℟. Jonas et le roi David. (19 gr.) Doré, trou rebouché. *B.* 20 »

741 — Méd. de confirmation s. d. Dieu le Père et le Fils assis sur un trône, au dessus desquels plane

le Saint-Esprit. ℞. Le Saint-Esprit assis sur le temple dans lequel sont réunis les apôtres. (18 gr.) Doré, bélière. XVIe siècle. *B.* 20 »

742 Méd. s. d. (1600 ?). DISCO MORI CHRISTO. Le Pélican s'ouvrant le flanc pour nourrir ses petits, dans un nid tenu par une main sortant des nues ; au dessus une banderole avec légende et une main sortant des nues et tenant une tête de mort. ℞. La mort armée d'une faux, debout derrière un personnage tenant une pendule et un tournesol. (15 gr.) *TB.* 30 »

743 Méd. de Loos s. d., relative au mariage. (19 gr.) *B.* 8 »

LIVRES

744 *Annales de la Soc. d'émulation du dép. des Vosges.* Epinal, t. I-IX, XI-XIV en 33 cahiers brochés, in-8. 25 »

745 BRICHAUT ET VAN PETEGHEM. — *Souvenirs numism. de la Révolution franç.* (1870-1871). Bruxelles, 1872. 2 livraisons (tout ce qui a paru) avec 15 planches sur pap. de Hollande, gr. in-8, br. 3 »

746 BRICHAUT. Jetons de numismates. 5 articles extr. de la *Rev. belge*, br. 1 »

747 *Bulletins de la Soc. des antiquaires de l'Ouest*; années 1881-1891. 42 livr. br. 6 »

748 *Bulletins de la Soc. d'arch. lorraine.* Nancy, 5 vol. 1 à 5e. br. 5 »

749 *Commentaires de J. César.* Edition Lemaistre. Paris, br., in-8. 2 »

750 DANNENBERG. — *Die deutschen Münzen der saechsischen und fraenkischen Kaiserzeit.* Berlin, 1876, 2 vol. in-4, cart. 25 »

751 *Die Ausgrabungen des histor. Vereines der Pfalz* (1884-1886). Speier, 1886, gr. in-8, avec 16 planches. 4 »

752 DUBOIS (P.). — *Collection archéolog. du prince Pierre*

Soltykoff. Horlogerie. Paris, 1858, in-4, avec 20 planches, br. 9 »

753 Froehner. — *Notice biographique de F. de Saulcy.* Paris, 1881, in-8, avec portrait, relié. 1 »

754 Gariel (E.). — *Les monnaies royales de France.* 1re et 2e partie. Strasbourg, 1883 et 1885, 2 vol. in-4, br. 5 »

Manque la 3e partie avec les planches.

755 Hilgard. — *Urkunden zur Geschichte des Stadt Speyer.* Strasbourg, 1885, in-4, br. 10 »

756 Maillet. — Collection. *Monnaies obsidionales*. Paris, 1886, in-8, avec vignettes, br. 1 50

757 *Mémoires de la Soc. royale des sciences, lettres et arts de Nancy*, 1833-1851. (*Mém. de l'Académie de Stanislas*. Nancy). 1852-1877, avec les vol. renfermant les tables alphabétiques des trois premières séries. Nancy, 1870, et les documents pour servir à la description scientifique de la Lorraine. Nancy, 1862, 46 vol. in-8, br. 70 »

758 *Mém. de l'Académie de Stanislas*. Année 1853-1856, 1885-1889, br. à 1 fr. le vol., ensemble 7 »

759 *Mémoires du duc de Villars*. Francfort, 1734 et 1736 et la Haye, 1736, 3 vol. rel. pl. veau, avec ex-libris du chevalier Stubenrauch. 4 »

760 *Mémoires du marquis de Beauvau pour servir à l'histoire de Charles IV, duc de Lorraine et de Bar.* Cologne, 1688, in-12 rel. pl. veau. 4 50

761 Peteghem. — *Coll. de méd. et monnaies de 1870-1871.* Paris, 1889, gr. in-8, br. 2 »

762 *Revue belge de numismatique*. Années 1842, compl.; 1882, 3e et 4e livr.; 1883, 3e et 4e livr.; 1884, 2e et 4e; 1885, compl.; 1886, 2e, 3e et 4e; 1887, compl.; 1888, 1re livr.; 1889, 2e, 3e et 4e livr.; 1890, 1re, 2e et 3e livr.; 1891, 4e livr. In-8o. La livraison br. à 0 80

763 Robert (P.-Ch.). — *Description de la coll. de M. P.-*

Ch. Robert. Trois évêchés, Lorraine, province rhénane, Alsace, etc. Paris, 1886, in-8, avec 14 planches et figures dans le texte, br. 8 »

764 SEWARD (W.-H. et Fr.-W. SEWARD). — *The assassination of Abraham Lincoln, late president of the United states of America.* Washington, 1867, in-4°, avec portrait, rel. 8 »

765 STRADA (F.). — *De bello belgico.* Milan, 1738, 2 vol. in-4, avec nombreux portraits dans le texte. 6 »

766 VALLIER (G.). — *Sigillographie de l'ordre des Chartreux et numismatique de Saint-Bruno.* Montreuil-sur-Mer, 1891, in-8, avec 54 planches, br. 23 »

767 VATTEMARE (A.). — *Coll. de monnaies et médailles de l'Amérique du Nord (1652-1858).* Paris, 1861, pet. in-8. 6 »

Mâcon, Protat frères, imprimeurs.

www.ingramcontent.com/pod-product-compliance
Ingram Content Group UK Ltd.
Pitfield, Milton Keynes, MK11 3LW, UK
UKHW021032180726
13838UKWH00004B/1758